**BUSINESS MODEL
CONSTRUCTION LOGIC OF
RESEARCH PLATFORM**

Experience and Enlightenment of
the United States

研究型平台的
商业模式构建逻辑

美国的经验与启示

魏炜 林毓聪 廖静秋 ◎著

图书在版编目（CIP）数据

研究型平台的商业模式构建逻辑：美国的经验与启示 / 魏炜，林毓聪，廖静秋著 . —北京：机械工业出版社，2023.8
ISBN 978-7-111-73714-8

I. ①研… Ⅱ. ①魏… ②林… ③廖… Ⅲ. ①产学研一体化 – 商业模式 – 研究 – 美国 Ⅳ. ① F737.12

中国国家版本馆 CIP 数据核字（2023）第 163240 号

机械工业出版社（北京市百万庄大街 22 号　邮政编码 100037）
策划编辑：孟宪勋　　　　　　　　　　　责任编辑：孟宪勋　马新娟
责任校对：潘　蕊　刘雅娜　陈立辉　责任印制：常天培
固安县铭成印刷有限公司印刷
2023 年 11 月第 1 版第 1 次印刷
170mm×240mm・13.75 印张・1 插页・195 千字
标准书号：ISBN 978-7-111-73714-8
定价：79.00 元

电话服务　　　　　　　　　网络服务
客服电话：010-88361066　　机　工　官　网：www.cmpbook.com
　　　　　010-88379833　　机　工　官　博：weibo.com/cmp1952
　　　　　010-68326294　　金　书　网：www.golden-book.com
封底无防伪标均为盗版　　　机工教育服务网：www.cmpedu.com

FOREWORD

推荐序一

部分后发国家[一]对科学技术的认识存在一个倾向：它们习惯于把科学技术看作一种独立于经济与社会的神秘力量，坚信只要重视科学技术就能带来经济的增长和繁荣。但是，它们忘记了问题的另一方面，即作为科学技术发展的原动力，市场经济对于近代科技兴起的基础性作用。科学技术在近代从个人兴趣和小作坊式的存在形式，转变成为建制化的专业领域，市场经济的繁荣带来的需求和奖励机制是科学技术发展的第一推动力。所以，不从科学技术与市场经济的互动关系入手，就很难发现科技创新的真谛。单凭对科学技术的热情无法达成科技创新的目标，相反还会造成事倍功半的结果，而这在一定程度上解释了中国正在发生的事情。所以，我一直主张中国的经济学家应该多点时间研究科技创新，多点机会为科技创新发声，我相信用经济学的框架思考科技创新

[一] 后发国家是指经济相对较弱、相对较晚进入现代工业化和经济发展阶段的国家。这个概念最早由经济学家阿尔伯特·赫希曼（Albert Hirschman）提出，用于描述那些在全球经济体系中相对滞后的国家。然而，后发国家也有追赶发达国家的潜力。它们可以通过引进外国投资、技术转移、教育提升和经济改革等手段来加速发展。

的问题更能接近事实的真相。因此，当我读到本书时，有一种意外的惊喜。它与当下市面上充斥的解读官式创新逻辑的著作最大的不同是，用经济学的商业模式理论去分析典型的科技创新案例，从中得出很多新的解释和结论，而这些研究对中国目前的科技创新理论与实践都具有重要的参考价值。

从16世纪至今，世界科学中心经历了意大利—英国—法国—德国—美国的多次转移。当前，美国作为世界科学中心，从高校排名、顶尖科技成果贡献度、杰出人才群体的规模、科技公司的实力看都形成了一定程度上的绝对优势，这是过去四个科学中心从未出现过的情况。更令人震惊的是，美国人成功地把科技创新与经济发展融合成了相互促进的有机体。这就使得在未来很长一段时期内世界科学中心都很难有新的挑战者。后发国家要想在科技创新方面有超常表现，学习美国科技创新的经验，无疑是一个事半功倍的做法。本书选取了美国著名的产学研协同创新的案例作为研究对象，用中国人的视角和经济学的方法对美国重要的研究型平台进行分析梳理，系统地呈现给读者，这是非常有意义的工作，不仅带给大家新的知识和思想，也为我们提供了更进一步认识和研究美国科技创新的工具。

当下中国针对科技创新的研究大多是以城市、地区、国家为样本，从过往的研究成果来看，由于这类研究的样本牵涉太多的变量，因而很难从中得出令人信服的结论。本书选择生态型的创新平台作为研究样本，支配科技创新模式的基本要素（官产学研）之间的关系和相互作用方式顿时变得清晰起来，这是一个非常巧妙的切入点，也是非常关键的切入点。一个国家和地区科技创新能否成功，其核心在于官产学研互动的机理是否科学有效。中国科技创新目前存在的主要问题在于没有形成合理的官产学研协同的底层逻辑。本书的案例研究对于中国科技创新的决策也是一个很好的参考，即到底怎样构建官产学研协同的底层逻辑才能从根本上克服科技创新体系的分裂现象。

书中涉及的研究型平台的运营主体包括政府机构、高校学术界、市场需求主体、行业协会等多种形式，这些不同的主体如何成为一个创新生态的主导者，这其实也是很多中国科技创新组织者角色承担机构希望知道的。书中的案例分析为它们提供了很好的参考，尤其是政府机构应该如何组织创新。书中提到的工业－大学合作研究中心（I/UCRC）案例给我留下了深刻印象，该中心是美国国家科学基金会（NSF）发起，以大学为基地，政府资助、行业参与的一种官产学研创新联盟。它旨在通过投资促进官产学研合作，提升美国的工业竞争力。这个计划吸引了182家大学和1162个会员企业参加，对于每个项目NSF才提供25万美元投资，却撬动了3倍的社会资金投入，成为科技成果转化的一个成功示范。这个案例说明研究、搭建官产学研底层的协同机制是成功的第一步，在底层逻辑上形成共识才能有好的结果。

在中国从事科技管理的人员、大学科研管理部门的干部、从事科技创新组织工作的市场主体都应该读一读这本书。

周路明

深圳市源创力离岸创新中心总裁

中国源头创新百人会秘书长

深圳源创力清源投资管理有限公司董事长

FOREWORD

推荐序二

我们正处在新一轮科技革命和产业变革与我国加快转变经济发展方式形成的历史交汇点,正面临百年未有之大变局下的新形势、新挑战。创新驱动发展战略成了推动我国从经济大国向经济强国、科技强国、创新强国转变的基本国家战略。产品创新和商业模式创新是企业常用的两类创新,其中产品创新更多依赖于科技创新,是可见的、"有形"的、对"物"的创新,而商业模式创新更多依赖于对人与人性的理解、对人与人之间协作形成的社会发展与经济运行规律的认识所建立的组织结构和运营模式的创新。实施创新驱动发展战略,应该要发挥科技创新和商业模式创新,以及这两类创新融合形成互相促进的良性循环。

科学与技术是产品创新的源泉和支撑。科学与技术发展有其内在的规律。美国科学哲学家托马斯·库恩在著名的《科学革命的结构》一书中,从科学史的视角和科学哲学的角度,探讨了常规科学和科学革命的本质,第一次提出了范式、学术共同体、不可通约性等概念,提出了科学革命是共同体世界观转变的观点。科学范式的变革一般从发现与提出目前的科学挑战和相关的难题（用目前的科学理论难以解释和解决的问题）开始，例如国际学术顶级期刊《科学》杂志在2005年创刊125周年之时，向全球知名科学家征集科学面临的挑战和难题，经过遴选发布了125个基础研究问题，对后来的科学发展产生了积极影响。

以新材料领域的研究为例。新材料是产品创新的基础，"材料基因"是研发新材料的范式变革。一代材料，一代产业，材料创新一直是各种颠覆性技术革命的核心。材料科学与技术的研究一般认为先后经历了实验驱动、理论驱动、计算驱动和大数据+人工智能（AI）驱动四个范式阶段。以"大数据+AI"为标志的数据驱动的材料科学"第四范式"，其标志性事件是材料基因组科学与工程的提出和建立。2011年美国提出材料基因组计划（Materials Genome Initiative，MGI），意在通过整合计算工具平台、实验工具平台和数字化数据（数据库和信息学）平台，以缩短至少一半的材料研发周期，同时降低至少一半的研发成本。我国科技部于2015年启动了《材料基因工程关键技术与支撑平台重点专项实施方案》，开展材料基因工程的新范式探索，与数学方法、AI、结构化学、大科学装置等多学科交叉融合，利用实验、计算、科学大数据的构建和解析，形成高通量实验、高通量计算以及材料大数据库融合的材料创新体系和智能研发新模式，带动材料产业链变革，极大地促进材料产业的发展。

人是科技创新的主体。一些重大基础科学发现通常是少数天才做出来的，但运用科学原理开展技术创新，从而引发产业革命一定是许多人有效协作创新的结果。商业模式创新是要把人及人与人之间协作的创新激情和潜力调动起来。如何从人性本质、创新规律、组织结构、信息机制、市场机制、治理体系等方面建设有效提升科技创新协作能力和科研成果转化效率的科技体制机制、搭建高效的研究平台，成为大家关注的焦点问题，也是需要"范式"变革的地方。

他山之石，可以攻玉。美国"二战"之后科学技术经历了新的重大飞跃，国家高度重视科学研究与技术创新，特别是基础科学的发展，并进行了强有力的组织和协调；个人把学术成就当成自己毕生的最高追求；从事研究的个人与个人之间及研究机构与研究机构之间形成广泛合作的团队精神。在一系列制度和资金的保障下，美国人的发明创造精神得到了充分发挥，迎来了一个新的发明创造时代。二战后，西方世界的重大发明项目，美国占了65%。它成为世界科学技术的领头羊，也因此造就了世界第一经济体。联合国世界知识产权组织（WIPO）发布的数据显示，我国在2020年通过《专利合作条约》（Patent Cooperation Treaty，PCT）共申请了68720项国际专利，连续两年称冠全球。但不得不正视的是，相比于欧美发达国家科技成果40%左右的转化率，我国这一数据仅为15%左右，整体转化率相当低。在1978年之前，美国基于生物科技的成果转化率只有5%，与英国、日本等生物科技领域的创新型强国还有较大的差距，而到了20世纪90年代初期，美国科研成果转化率迅速攀升至80%，其中一个重要的原因被认为是《拜杜法案》的通过。当前，我国科技研究中依然存在分散、重复、低效等突出问题，影响了创新体系的整体效能；知识的非竞争公益性与知识应用（专利、知识产权）的竞争垄断性之间的矛盾，给政府设计创新参与主体的激励与扶持政策带来困难，影响了创新体系的建构。如何消除科技创新中的"孤岛现象"，融合政产学研用，打通从科技强到产业强、经济强、国家强的通道，提升国家创新体系整体效能，畅通创新链、产业链，大幅提高科技成果转移转化成效，充分激发科研院所、高校、企业等各类创新主体的活力潜力，为科技自立自强提供战略支撑，成了亟待解决的课题。因此，既要激发个人的无限创造力，又要把个人和"人们"的创新成果有效地组织起来，并转化为社会生产力，美国的成功经验值得借鉴。

本书以魏炜教授等人在商业模式理论领域研究20多年的经验，梳理了美国优秀官产学研合作实践，以硅谷、波士顿技术园区、北卡罗来纳州三角产业园区等为代表的优秀技术创新平台为对象，将所有创新参与主体纳入一个"共生体"和"生态系统"中，分析总结了政府机构主导、高校学术界主导、市场需求主体主导与行业协会主导四种类型创新平台的商业模式构建逻辑与价值创造原理，解构了不同创新参与主体在创新生态链中的角色承担、连接方式、资源投入、价值创造与利益分配。本书从共生体与商业模式两个不同视角，为读者分析研究型平台的运行规律提供了理论范式和案例，帮助读者在认识焦点企业具体行为的同时，拥有顶层设计的宏观视野。

　　创新本身也需要"范式"变革，其关键是创新共生体世界观转变。将产品创新和商业模式创新有机地结合，将对"物"规律的认知与对"人"和"人们"本身的认知相融合，将产业运用的科技创新与组织调动的商业模式创新相融合，并且能够互相促进，形成正反馈的循环。科技创新共生体和人文社科从事商业模式创新的共生体需要协作开展"范式"变革。当前提的"新工科"——从基础研究到技术和工程创新，再到产业化和市场化贯通式的人才培养和创新实践——是一种"范式"变革，让我们一起来探索和实践。

潘锋　教授
北京大学深圳研究生院副院长
北京大学新材料学院创院院长

PREFACE

前言

产学研协同是影响一个国家、地区技术领先程度、行业竞争力与经济发展水平的重要因素。企业、高校、科研机构与政府先天在技术创新过程中拥有不同的定位,在生产、教育、科研、技术转化等领域积累了针对性的资源优势,形成了一套成熟的分工体系与运行机制。但同时也不可避免地需要克服这几者之间在信息流通、供需匹配、协同配合环节的潜在障碍。低效的信息机制、市场机制、治理体系可能带来供给与需求脱节、研发资源浪费、技术转化受阻、投入产出比不尽如人意等现实问题。如何设计一套官产学研连接与耦合效率最大化、资源的投入与配置最优化的模式是各个国家和地区长久以来的探索方向。

为应对世界百年未有之大变局下的新形势、新挑战,构建科技创新体系、提高科技创新能力是我国现阶段亟须解决的重要问题。面对新冠疫情带来的长期深远影响,加强科技创新有利于促进国内产业升级、提升国际产业竞争力,稳固新常态下的"双循环"发展格局。同时,错综复杂的国际竞争局势带来了科技制裁、逆全球化的潜在威胁,对于构建自主创新体系提出了新的要求。习近平总书记在党的二十大报告中指出:"加强企业主导的产学研深度融合,强化目标导向,提高科技成果转化和产业化水平。强化企业科技创新主体地位,发挥科技型骨干企业引领支撑作用,营造有利于科技型中小微企业成长的良好环境,推动创新链产业链资金链人才链深度融合。"2023年,政府工作报告再次强调"完善新型举国体制,发挥好政府在关键核心技术攻关中的组织作用,支持和突出企业科技创新主体地位,加大科技人才及团队培养支持力度……加快前沿技术研发和应用推广,促进科技成果转化"。

事实上,我国在探索科技成果转化机制的路上已经进行了诸多尝试,形成了产业扶持基金、产业园区、孵化器、转制科研院所等多样化的创新载体与创新基础设施。同时,科技体制改革、政策基金的扶持、高校与企业的多样化合作也在逐步培养科技创新资源,加强各行各业的科技创新能力。同时,我们也意识到现有体系的科技转化成果相比于长期的投入规模仍有很大的提升空间,已有科技投入尚未显著充分转化为实际生产力和行业竞争力的提升。《中国科技成果转化 2021 年度报告(高等院校与科研院所篇)》显示,高校院所以转让、许可、作价投资方式转化科技成果的合同总金额达 202.6 亿元,而其全国高校基础研究经费为 904.5 亿元,因此科技成果转化率⊖仅为 22.4%,远低于欧美发达国家高校 50% 以上的水平。升级迭代现有的产学研体系,提高科技资源的配置效率,促进高校与企业之间的畅通合作,打破实验室成果通往市场的阻碍,是当下尚需攻克的难题。

在时代需求与政策引领下,我们希望思考如何构建一套成熟的官产学研体系。我们采取的思路是首先调研、梳理国际中现存的优秀官产学研合作实践,进而从中提炼出有解释性、指导性、可操作性的理论范式,并应用这些理论范式解释、分析科研实际。

在这种动机下,我们将目光投向美国,在过去近一个世纪的发展

⊖ 即科技成果转化合同总金额与其基础研究经费的比值。

中，美国经历了多次产业技术革命，诞生了以硅谷、波士顿技术园区、北卡罗来纳州三角产业园区等为代表的优秀技术创新平台，在政府体制、高校治理、企业扶持以及产业园区与孵化器的配套支持等方面均具备有亮点的创新实践。这一方面为我们的研究带来了大量有价值的素材，另一方面也为理论的有效抽离带来了挑战。官产学研问题之所以复杂，是因为其中牵扯了高校、科研机构、企业、政府、消费者、金融机构、行业协会等多元化主体，其各自在科技创新中承担了不同的角色，拥有不同的连接方式、资源投入、价值创造与利益分配。从微观与宏观的研究视角出发，均能获得不同的研究发现，让人有"横看成岭侧成峰"之感，容易陷入模糊的顶层结构与过多的底层细节中，从而难以提炼出其中的共性规律与理论范式。

从这个意义上讲，商业模式理论是适合分析多主体、多角色的复杂体系下的官产学研问题的指导理论。商业模式理论及其分析方法指导我们从利益相关者的构成、业务活动的拆解及其在利益相关者之间的分工、利益相关者达成业务活动的具体交易结构等维度出发，解构复杂的科研系统。同时，围绕由交易价值、交易成本、交易风险组成的评价体系对商业模式带来的价值创造进行整体分析。该理论使我们能够更好地解构官产学研系统，提炼共性与差异化设计要素，并评价其优势与劣势，从而从现象深入理论，收获本质认识。

针对美国官产学研体系进行解构分析，我们发现这些复杂体系的运转离不开一个个研究型平台的统筹规划与商业模式设计。为了更好地认识研究型平台的构建与运作，本书在商业模式理论的指导下选取了两个典型的研究视角，分别为共生体视角与商业模式视角。共生体视角拓宽了商业模式的视野，不仅考虑焦点主体的商业模式，还将利益相关者的商业模式纳入考察范围，可以涵盖一个产业的价值链或多个产业的价值链。商业模式视角是以主导该共生体构建的主体为焦点，梳理其与其他相关主体的业务活动分工与交易结构。本书以商业模式视角为主、共生体视角为辅，通过宏观与微观视角相结合来介绍美国研究型平台的运行规律，让我们一方面深入观察微观视角下焦点企业的具体行为，另一方面拥有顶层设计的宏观视野。

　　本书整体分为两部分，其中，第一至五章阐述了商业模式理论的基本概念，讨论了四种典型的研究型平台的商业模式构建逻辑，并提炼了其所代表的共生体的结构、特征与适用性条件。这里，我们分别围绕政府机构主导、高校学术界主导、市场需求主体主导与行业协会主导四类现实情景着手分析，其各自拥有不同的商业模式构建目的，也由此衍生出差异化的商业模式构建逻辑与价值创造原理。最典型的差别在于，它们聚焦于解决不同的技术类型的创新难题。1997年，美国普林斯顿大学学者斯托克斯提出一个二维坐标体系，将基础研究和应用研究的关系分成了四类，包括由求知欲驱动的纯基础研究"波尔象限"，既由求知欲驱动又由应用引发的基础研究"巴斯德象限"，纯应用研究"爱迪生象限"，以及既不以求知为目的又不由应用引发的"皮特森象限"。该理论指出技术类型的不同意味着其需要克服不同的创新阻碍，需要有针对性的治理体系与市场机制加以解决。故在以四种不同研究型平台构建的商业模式理论范式中，我们能够提炼出针对不同技术类型的解决方案。这些发现能够为推动早期公共性基础研究、市场应用驱动的基础研究、跨越"死亡之谷"的应用研究、重大行业共性问题攻关研究等常见问题提供启发。

　　除了理论范式的提炼，本书的第六至十三章还提供了八个有代表性的研究型平台案例。在案例选取方面，与前文的四种典型商业模式构建主体相对应，分别选择了代表政府机构主导的美国工业－大学合作研究中心（I/UCRC）、北卡罗来纳州三角产业园区（NCRTP）、麻省生命科学中心（MLSC）；代表高校学术界主导的麻省理工学院媒介实验室（MIT Media Lab）和斯坦福大学技术许可办公室（OTL）；代表市场需求主体主导的美国国防高级研究计划局（DARPA）和美国生化基因（渤健公司，Biogen）；代表行业协会主导的国际移动通信标准化组织（第三代合作伙伴计划，3GPP）。这些研究型平台拥有差异化的定位，涵盖了产业园区、政府基金、研发型企业、高校孵化器等典型科技成果转化模式的优秀实践，同时涵盖了生物医药、通信技术、军工、材料等多元化行业技术创新成果，具有广泛性。除此之外，我们意识到学术会议与美国的高校终身教职在科技创新上游的重要支持作用，对人才选育、学科发展非常关键，是官产学研生态的重要组成部分，故在第十四章和第十五章也进行了讨论。

本书第一部分为基本理论，由三位作者魏炜、林毓聪、廖静秋合作撰写。本书第二部分为具体案例，这些案例的收集由三位作者组织、指导，同时在资料调研与撰写过程中得到了不同伙伴的支持和帮助。其中，来自清华大学的罗浚知主导了DARPA、3GPP、OTL等多个案例的研究工作，并参与了本书第五章、第十一章、第十三章的撰写。来自清华大学的郭择良参与了美国产投机构麻省理工学院媒介实验室、I/UCRC等多个案例的调研，并指导了第六章、第九章等章的撰写工作。来自清华大学的高驰同样参与了麻省理工学院媒介实验室的调研与第九章的撰写，另外还与胡杨明昊共同参与了北卡罗来纳州三角产业园区的案例调研与第七章的撰写工作。来自清华大学的曹文浩参与调研了美国生物医药产业基金、MLSC并完成第八章的撰写工作。来自北京理工大学的胡楠和刘懿葳参与了对美国生物医药企业Biogen的调研以及第十二章的撰写工作，胡楠还另外承担了第四章理论部分的撰写工作。来自清华大学的刘鹤参与了3GPP案例的调研。来自北京理工大学的戴宙辰和胡涛调研了贝尔实验室，为本书提供了参考。第十四章、第十五章由本书的三位作者负责调研和撰写。同时，我们要郑重感谢来自哥伦比亚大学的郑一溥，她全程参与了本书案例调研的英文资料收集工作，并为我们带来了更为广阔的国际视野。最后，我们要感谢北京理工大学增强现实智能医疗研究中心的杨健教授团队，其手术导航机器人的产业化实践经验与全球领先的导航研发实力打造了我国产学研的典型案例。

我们在此真诚感谢所有伙伴的参与与付出，他们的专业背景不同，为我们贡献了学科交叉的研究视角，为本书的研究与编写工作注入了源源不断的活力。此外，本书还得到很多专家、学者、企业家和朋友的关心、帮助和指导，在此一并致以最诚挚的感谢！

对本书做出主要贡献的成员（按姓氏拼音排序）的具体信息如下：

曹文浩，清华大学经济管理学院本科生

戴宙辰，北京理工大学计算机学院本科生

高驰，清华大学类脑计算研究中心博士生

郭择良，清华大学材料学院博士生

胡楠，北京理工大学管理与经济学院本科生

胡涛，北京理工大学计算机学院本科生

胡杨明昊，清华大学电机工程与应用电子技术系博士生

刘鹤，清华大学计算机科学与技术系博士生

刘懿葳，北京理工大学数学与统计学院本科生

罗浚知，清华大学经济管理学院博士生

郑一溥，哥伦比亚大学教育科技专业博士生

本书是我们应用商业模式理论分析官产学研问题的第一本专著，其中涉及大量的探索、创新与尝试。本书难免存在观点偏颇、稚嫩甚至错误之处，非常欢迎和希望读者能够为我们指出，以便我们修正与改进。

CONTENTS

目录

推荐序一
推荐序二
前言

第一章　研究型平台的商业模式理论概述　/ 1

  第一节　科技创新的常见挑战　/ 1

  第二节　科技创新体系——研究型平台设计的理论框架　/ 3

  第三节　科技创新之"心"　/ 4

  第四节　科技创新之"举"　/ 6

  第五节　科技创新之"果"　/ 13

第二章　政府机构主导的研究型平台的商业模式构建逻辑　/ 15

  第一节　政府机构主导的衍生共生体　/ 16

  第二节　政府机构主导的研究型平台的商业模式设计　/ 21

  第三节　典型案例　/ 24

第三章　高校学术界主导的研究型平台的商业模式构建逻辑　/ 31

第一节　高校学术界主体主导的衍生共生体　/ 32

第二节　高校学术界主导的研究型平台的商业模式设计　/ 35

第三节　典型案例　/ 38

第四章　市场需求主体主导的研究型平台的商业模式构建逻辑　/ 42

第一节　市场需求主体主导的衍生共生体　/ 42

第二节　市场需求主体主导的研究型平台的商业模式设计　/ 45

第三节　典型案例　/ 48

第五章　行业协会主导的研究型平台的商业模式构建逻辑　/ 53

第一节　行业协会主导的衍生共生体　/ 54

第二节　行业协会主导的研究型平台的商业模式设计　/ 57

第三节　典型案例　/ 58

第六章　I/UCRC——产业-大学合作研究中心　/ 63

第一节　I/UCRC商业模式简介　/ 63

第二节　I/UCRC商业模式的价值空间　/ 71

第三节　I/UCRC商业模式的成功案例　/ 75

第四节　I/UCRC商业模式的启示　/ 77

第七章　NCRTP——北卡罗来纳州三角产业园区　/ 78

第一节　三角园区案例背景　/ 78

第二节　三角园区商业模式的演变　/ 79

第三节　三角园区商业模式的亮点与价值空间　/ 89

第四节　三角园区商业模式的启示　/ 93

第八章　MLSC——麻省生命科学中心　/94

第一节　MLSC 案例背景　/94

第二节　MLSC 的组织结构与商业模式　/95

第三节　MLSC 的商业模式亮点　/99

第四节　MLSC 的发展成果　/104

第九章　Media Lab——麻省理工学院媒介实验室　/108

第一节　媒介实验室案例背景　/108

第二节　媒介实验室与各大会员企业　/110

第三节　媒介实验室的内部交易结构　/115

第四节　媒介实验室商业模式评价　/117

第五节　媒介实验室的成功案例　/123

第十章　OTL——斯坦福大学技术许可办公室　/125

第一节　OTL 案例背景与商业模式简介　/125

第二节　OTL 商业模式的价值空间　/129

第三节　OTL 商业模式的局限性　/131

第十一章　DARPA——美国国防高级研究计划局　/135

第一节　DARPA 商业模式简介　/135

第二节　DARPA 商业模式的亮点　/142

第三节　DARPA 的成功案例　/145

第四节　DARPA 商业模式的启示　/146

第十二章　Biogen——美国生物技术公司渤建　/148

第一节　Biogen 案例背景　/148

第二节　Biogen 商业模式简介　/149

第三节 Biogen 商业模式亮点 / 154

第十三章 3GPP——国际移动通信标准化组织第三代合作伙伴计划 / 159

第一节 3GPP 案例背景 / 160

第二节 3GPP 工作模式 / 161

第三节 3GPP 对 5G 体系的作用 / 165

第四节 3GPP 商业模式总结与讨论 / 169

第十四章 NeurIPS——AI 领域学术会议 / 171

第一节 NeurIPS 案例背景 / 171

第二节 NeurIPS 运转机制 / 172

第三节 NeurIPS 商业模式亮点 / 180

第四节 NeurIPS 商业模式挑战 / 184

第五节 NeurIPS 商业模式总结 / 185

第十五章 Tenure Track——终身教职制度 / 186

第一节 背景介绍 / 186

第二节 终身教职的制度设计 / 187

第三节 终身教职制度的商业模式亮点 / 191

第四节 终身教职制度的局限性 / 195

第五节 终身教职制度的结论与展望 / 198

CHAPTER 1

第一章

研究型平台的商业模式理论概述

第一节 科技创新的常见挑战

科技创新与科技转化的需求在现实中比比皆是。对于高校而言，创造有学术影响力的研究成果，培养知名教授，发表顶尖论文，提高高校国际声誉均是科技创新的目标。进一步，如何将科技成果的学术影响力转化为行业影响力甚至市场竞争力，也占据了高校管理层与科研团队的很大一部分精力。

高校在此方面进行了多番努力，例如，培育校企、创建大学孵化器、创设创投资助的基金、建立专利管理部门等。但大量现象反映出高校技术转化面临诸多困难。第一，技术找不到市场。这一点表现为学术导向的研发离市场太远，难以寻找到产业应用的场景，抑或是高校教授对于市场发展认知不足，难以洞察缺口与机遇。第二，技术"流产"率太高。1998 年，时任美国众议院科学委员会副委员长弗农埃勒斯提出，科技成果从基础研究阶段进入产业化阶段需要跨越巨大沟壑,俗称"死亡之谷"。高校团队的创业公司或许已经注册,或许已经获得融资,但大多倒在了产品化变现的黎明到来之前。

同时,我们也观察到一些高校设计不同形式的研究型平台克服了上述阻碍,取得了产学研结合的系列成就。其中,最受关注的案例即为斯坦福大学的斯坦福大学技术许可办公室。斯坦福大学构建了以专利管理为中心的技术转化体系。数据显示,2019—2020 年,斯坦福大学 847 项发明技术许可总计获得约 1.14 亿美元的收入。在教授提交的发明专利中,将专利许可给企业的比例可达到 22.4%,远高于国内外其他大学的平均水平。这意味着大量发明专利匹配了落地场景,成功迈出了从实验室到产品线的一步。如何理解甚至复制这种成功,是高校关心的重要问题。

把目光聚焦到市场上,面对技术高速变革的环境,企业具有更加强烈的技术创新需求。一方面,企业需要不断应对既有业务活动中的研发需求,时刻保持自身技术处于行业前沿,以维持竞争优势。但企业在应对技术创新的过程中却举步维艰。企业往往会面对交叉学科、不熟悉领域的研发任务,如果选择自主研发,需要投入大量资源,经历学习曲线,承担研发风险;如果转向与高校、研究机构、其他企业合作进行外包研发或协同研发,又会由于高度信息不对称,导致耗费大量时间精力,且研发结果不确定性很高。对于初创企业而言,人才、资金、基础设施的资源约束进一步限制了其研发能力。另一方面,企业还需要着眼于未来,尝试探索和开发下一代革命性技术,提前布局,构建竞争壁垒。成立研发中心、举办创新竞赛、资助高校研究所进行开放式创新等均是企业在这方面的尝试。但研发效率低,研发投入无法转化为成果,长期投入没有稳定输出等问题均在困扰着企业。

企业端,我们同样可以观察到大量研究型平台的优秀实践。英特尔(Intel)构建的英特尔架构实验室(IAL),其使命是发现与英特尔主业芯片相互补充的补足品企业,在芯片快速迭代的时代巩固其竞争优势。美国生物技术公司渤健(Biogen)基于开放式创新,撬动创新资源的杠杆,降低研发成本,分散研发风险,克服了生物医药研发的长周期、高投入、高不确定带来的研发难点。"八仙过海，各显神通"式的企业破局尝试让我们关心其中是否蕴含内在规律与固有范式。

除了高校和企业，政府同样对于产学研的协同与科技体系的效率非常重视。无论是中央政府还是地方政府，均在颁布各项政策、投资大量资金与资源以发展科技创新体系。政府面临的挑战一方面在于如何提高投入产出效率，使得有限的资源发挥出最大的价值；另一方面在于如何贯通、耦合完整的科技创新产业链，这需要一套基于宏观视角的顶层设计。

以美国的北卡罗来纳州三角产业园区（NCRTP，简称三角园区）为例，该产业园区于1959年为发展新兴产业而创立，现今已成为引领全球高新科技产业、打造专业化分工程度极高的集群产业链。该产业园区的管理者三角园区基金会在2019年实现营业额1810万美元（同比增长130.4%），总资产达到1.418亿美元。19世纪40年创建的德国弗劳恩霍夫应用研究促进协会，围绕学科领域设立了八大技术联盟，联盟之下设立76家研究院。数据显示，截至2019年，该协会经费约为29亿欧元，支撑完成了约万项科研开发项目，服务于逾3000个委托方，保障了地方科研水平的领先地位。

综上所述，科技创新问题是受到社会各方广泛关注的热点问题，也是长期困扰大量高校、企业与公共部门的重大问题。高校、企业、政府部门均基于不同的研究型平台设计了科技创新体系，试图以之为载体解决科技创新的不同需求。尽管各个领域均有优秀实践，但这些成功的逻辑却难以被复制和应用。提炼现有研究型平台成功案例背后的原因，找到一套可复制、可操作的解决方案至关重要。

第二节 科技创新体系——研究型平台设计的理论框架

研究型平台是科技创新体系中的一个重要组成部分，其构建是一个宏大的命题，为更好地论述该问题，我们需要将其解构为一系列维度，以明确讨论的范围与边界。如图1-1所示，我们提出一套研究型平台设计的理论框架，其中包括三个部分：科技创新之"心"、科技创新之"举"、科技创新之"果"。科技创新之"心"指应该明确设计研究型平台的定位，旨在解决何种（技术创新与推广的）需求与痛点；科技创新之"举"指研究型平台促进科技创新的具体行为；科技创新之"果"指科技创新的成果需要有一定的评价标准，基于该标准来判断科技创新体系的优劣，并给出改善方向。

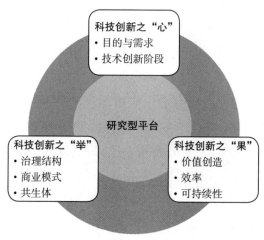

图1-1　研究型平台设计的理论框架

应用该框架，我们能够更加清晰地探讨科技创新问题，时刻明确讨论问题的维度、层面，应用不同的工具与论述方式加以解答。此外，该框架有助于形成一套认识科技创新问题的认知体系，即从目的与需求出发，从具体行为着手分析，用系列评价指标加以衡量的系统化思维框架。同时我们强调，三个维度不是独立的，而是相互影响的，不同的技术创新目的与需求自然会衍生出不同的科技创新行为范式，带来不同的价值创造结果，应该以不同的评价指标加以评价。下面分别对三个维度的内涵以及我们用于分析该维度的理论与工具进行介绍。

第三节　科技创新之"心"

不同科技创新体系设计的初衷与目的是不同的，因为不同技术成熟阶段需要解决的研发与转化问题并不相同。

按技术的成熟阶段来划分技术，从科学技术诞生到投入市场，可以划分为基础研究、应用研究和开发研究三个阶段。其中，基础研究指从源头发现及从基础理论开始研究问题，并形成会议论文、期刊论文或发明专利等成果的阶段，这一步往往在实验室中完成；应用研究指给定基础研究生成的技术，结合市场需求选择适当的产品定位，生成可展示演示样品（DEMO）阶段，这一步需要学术团队与业界转化团队的匹配，以及密切的协同合作；开发研究则指将DEMO进一步转化包装为可以上市交易的产品，努力打通该产品的市场渠道，在商业化探索中获取收益。

1997年，美国普林斯顿大学学者斯托克斯提出一个二维坐标体系，将基础研究和应用研究的关系分成了四类，包括由求知欲驱动的纯基础研究"波尔象限"，既由求知欲驱动又由应用引发的基础研究"巴斯德象限"，纯应用研究"爱迪生象限"，以及既不以求知为目的又不由应用引发的"皮特森象限"（这是更为常见的情形）。这种分类强调基础研究和应用研究之间没有明确的界限，二者的研究目标可以融合，而非独立的科研活动模块。

在本书中，我们尤为关注斯托克斯提出的"巴斯德象限"，以及由基础研究引发的应用研究与开发研究。前者意味着基础研究能够具有更好的市场化潜力，后者意味着市场中的专利与产品原型实现了产业化落地。面对不同的科学技术类型，我们需要有针对性地设计相应的研究型共生体。

基础研究还可以从研究是否有公共性和研究投入是否有长期性两个维度分类，其中更加具有公共性（也就是正外部性）和研究投入长期性的属于战略性基础研究。这里的公共性或者说正外部性包括对人才的培养，对其他应用研究和开发研究的积淀，对研究环境的聚集等。国际上对战略性基础研究概念的理解大体可以分为两种类型："对战略性基础研究概念的认识侧重于强调基础研究的战略性作用"和"类似于斯托克斯提出的应用导向的基础研究"。无论哪一种都具有高度公共性、要求长期投入、研究成果的不确定性较高的特点，因此不被一般的市场资本所青睐。

针对这类科学技术类型，我们在本书中也会提出相对应的适应性共生体。

在理解了技术研究的特征类型后，我们再带入不同主体的类型，可以直观地看出高校、企业、政府等官产学研生态的重要组成主体在关心的技术类型上存在的区别，其构建、参与科技创新体系的目的与需求可能在于推动某一类技术或某几类技术的研发与推广进度。这为后文的科技创新之"举"与科技创新之"果"的讨论提供了前提。

第四节　科技创新之"举"

科技创新之"举"，顾名思义，即促进科技创新的具体行为。我们可以从宏观、微观的视角出发看待分析科技创新之"举"。本书我们将主要从三个颗粒度展开论述，由大到小分别为共生体、商业模式和研究型平台内部的治理结构，从而全面审视科技创新体系。下面我们将首先介绍基本概念，进而论述各个颗粒度对科技创新之"举"的刻画。

基本概念

1. 商业模式

根据魏朱商业模式理论，商业模式是从事业务活动的利益相关者的交易结构[○]。其中，业务活动分工反映了焦点企业（主体）和其内外部利益相关者从事的工作的选择，企业既可以选择自身承担一个产业的全部业务活动，也可以在各个交易主体之间设计分工，将业务活动分配给不同的主体承担，不同的分配带来了不同的商业模式设计。交易指利益相关者根据各自的需求将拥有的资源能力的权利进行切割重组后再配置的活动，交易包括交换和合作，主体之间的交互、互动、联盟等都是我们这里说的"交易"。利益相关者指具备独立利益诉求、有相对独立的资源能

○ 引用自朱武祥，魏炜. 商业模式：雀巢解决难题的一个思路 商业模式这样构建 [J]. 深圳特区科技，2007（3）：20-22；魏炜，朱武祥，林桂平. 基于利益相关者交易结构的商业模式理论 [J]. 管理世界，2012（12）：7。

力、与焦点企业存在直接或间接交易关系的行为主体。通过设计与这些主体的交易内容、交易方式、交易关系，企业能够运转起来并带来价值创造。

与其他商业模式定义及构成要素相比，魏朱商业模式的定义和构成要素不仅关注企业内部，也关注企业之外的商业生态系统，强调打破企业边界，分析企业所处生态系统中各个交易活动在价值创造方面存在的问题与机会，根据交易结构的设计重构焦点企业。

2. 共生体

角色是从事某个业务活动的主体。共生体是由焦点企业及其有交易关系的各个内外部利益相关者从事的角色构成的集合以及这些角色因交易而创造价值的元逻辑[⊖]。这个定义拓宽了焦点企业商业模式的视野，不仅考虑焦点企业的商业模式，还将利益相关者的商业模式纳入考察范围，可以涵盖一个产业的价值链或多个产业的价值链。例如，不仅考虑焦点企业与利益相关者的交易结构，还关注客户的客户、供应商的供应商、供应商的竞争对手等利益相关者因交易而形成的交易结构。

企业在共生体中可以选择扮演与自身资源能力禀赋最匹配的一个或者多个不同的角色，并与其他角色形成交易结构，即带来了商业模式的设计。

基于这样一个宏观视角，企业更容易发现交易的价值空间，打破传统模式所形成的固化的业务活动组合逻辑，对从事业务活动的角色进行切割和重组，可以发现新的交易结构的可能性，寻找到最大化价值创造的机会。

3. 生态系统

与共生体相关的一个概念是生态系统。生态系统是利益相关者因交易而形成的聚合体，是共生体的实例，当共生体中的每一个抽象角色由现实商业世界中真实的主体承担后，这些真实主体及每个真实主体之间

⊖ 引用自魏炜，李飞，朱武祥. 商业模式学原理[M]. 北京：北京大学出版社，2020。

的交易关系就构成了一个个商业生态系统。现实商业世界中，每一个企业、公共机构等主体都拥有一个以其为中心的商业生态系统，同时这些主体也可以成为其他利益相关者的生态系统中的某些关键角色。焦点企业在共生体中角色选择的组合是非常多样的，因此焦点企业在每一种共生体对应的生态系统中都可以选择多个不一样的商业模式。我们一般把按照产业业务活动流程对应的角色直接构建的共生体叫作基本共生体，而把其他的角色之间因交易而形成的结构叫作衍生共生体。共生体类似于分子结构里的同分异构体，共生体相同的生态系统也叫同类生态系统。

三个颗粒度刻画科技创新之"举"

1. 研究型平台的基本共生体

通过案例研究，我们发现美国研究型平台商业模式中最终实现技术成果落地的全过程主要覆盖了以下五个底层的业务活动流程：组建委员会、提出研究选题、研发执行、产业转化、商业化。处于基础研究、应用研究、开发研究阶段的研究型组织会不同程度地涉及这几个环节的业务活动。例如，基础研究扶持包含了组建同行评议委员会、提出研究选题并进行原理级研究；应用研究扶持包含了构建学界与产业综合的委员会，面向市场化前景提出产品化选题，并在实验室阶段进行产品化研究；开发研究扶持主要包含的是产品化落地与商品的生产、流通与变现。

路径中每个活动下均有一些关键点和共性做法。这些共性做法的底层逻辑在于通过促成来自官产学研的人员及主体的交流、共同决策与分工合作，从而使得在一个创意研发转化的全周期中，各界多次"握手"，充分发挥各方的专业知识和市场洞察力，根据资源禀赋在业务活动链条上充分分工合作以实现互补和协同。

在生态系统的共生体理论中，五个底层的业务活动流程分别对应共生体的一个角色。角色是抽象的主体，共生体是类的概念，共生体里角色和业务活动是一一对应关系。研究型平台的五个业务活动流程，分别对应评审组织、需求方、研发机构、转化机构、应用方五个抽象的主体

（角色），这些角色通过交易能够构成不同的共生体，在具体的生态系统中，这些角色可能由不同资源能力禀赋的主体扮演，也就是说，生态系统是共生体的一个实例。例如：

- 评审组织可能为基金、高校、研究中心等。
- 需求方可能为高校、政府、企业等。
- 研发机构可能为初创企业、企业、研究中心等。
- 转化机构可能为企业、研究中心、专利办公室等。
- 应用方可能为企业、政府等。

将这五个共生体角色按照业务活动流程顺序连接为链式交易的拓扑结构，我们就得到了产学研的基本共生体（见图1-2）。共生体角色之间的关系是所有可能的业务交易和治理交易关系，例如审核、资助、提出选题、研发执行、转让研究成果等。在后续章节我们会提出多种基本共生体的同分异构体，将其命名为衍生共生体。按主导方的属性划分，衍生共生体可以分为政府机构主导的衍生共生体、高校学术界主导的衍生共生体、市场需求主体主导的衍生共生体、行业协会主导的衍生共生体四类，并在第二至五章陆续展开。

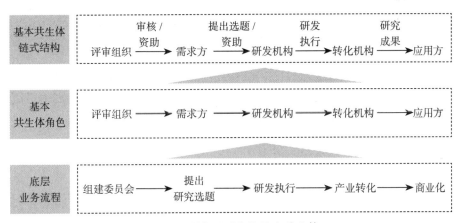

图1-2 研究型平台的基本共生体

同一主导主体的研究型平台的商业模式虽然可以千差万别，但其对应的共生体是一致的,这与共生体的基本特征有关。对于同一主导主体而言,其具有与生俱来的构建共生体的目的,从而会聚焦相应的科学技术成熟阶段,这也就决定了主导主体的角色承担与其在业务活动流程中的分工。

由此,我们可以得出三个命题:①主导主体构建共生体的目标决定了其在共生体中的角色承担,决定了共生体的核心角色和参与角色。②主导主体的角色承担决定了共生体的核心角色和参与角色的业务活动流程环节分工。③交易是围绕核心角色的需求和资源构建的,通过核心角色将整个共生体的各个角色链接起来。因此,同一主导主体的共生体存在一些共性、核心的特点。

不同主导主体的共生体会表现出不同维度的特征,具体包括主导主体层面的特征,以及整体共生体层面的特征(见表1-1),由此我们便可以从共生体的颗粒度抽象出科技创新之"举"的系列特征。

表 1-1 共生体的特征

层面	特征
主导主体层面	主导主体目的
	主导主体聚焦的技术阶段
	主导主体的共生体角色承担
	主导主体的业务活动流程分工
	主导主体的资源能力
整体共生体层面	共生体的主导角色
	共生体的参与角色
	共生体中的共性、核心交易结构

主导主体层面的特征包括:主导主体目的、主导主体聚焦的技术阶段、主导主体的共生体角色承担、主导主体的业务活动流程分工、主导主体的资源能力。整体共生体层面的特征包括:共生体的主导角色、共生体的参与角色,以及共生体中的共性、核心交易结构。综上所述,相同的主导主体带来的共生体特征拥有相似性,这些共生体特征落脚到具体的商业模式设计中会呈现出多样化的表现形式,但抽象到共生体层面则是一致的。后续章节,我们将用这一框架分析不同的衍生共生体。

在一个成熟的研究型平台生态中,不同的主体承担了不同的角色,可能覆盖技术成熟中的一个或多个阶段，但通过相互合作，最终能够实现将技术从实验室萌芽催熟、孵化到产品化并投入生产，进而发展对应的市场。通过研究 MIT Media Lab、DARPA、I/UCRC、OTL、MLSC 等 8 个生态主体，我们发现不同的研究领域覆盖不同的科学技术生命周期类型（见图 1-3）。

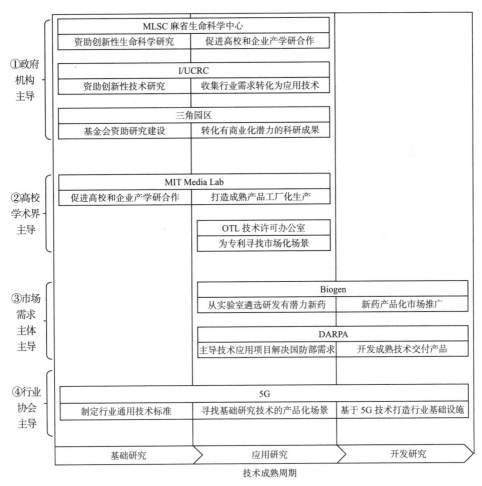

图 1-3　美国产学研案例业务在技术成熟周期中的覆盖情况

这些研究型平台本质上扮演了一个联合官产学研各界的桥梁机构的角色，我们按桥梁机构发起和运营的主导方将共生体分为四类，发现其分别具有类似的典型特征（体现在主导方的目的，以及共生体所解决的问题等方面）。例如：

- 政府机构主导的共生体构建——基础设施构建、底层/攻关技术发展。
- 高校学术界主导的共生体构建——基础研究技术成果孵化。
- 市场需求主体主导的共生体构建——市场需求落地与匹配。
- 行业协会主导的共生体构建——标准制定、全局架构。

如果关注这些共生体的主导方的属性，能够看出由于共生体主导者的属性不同，该共生体所适合培育的科学技术类型也存在差异。主导共生体构建主体的不同目的决定了其拥有不同的共生体特征，使得其能够更好地聚焦处于不同技术成熟阶段的科技成果转化。我们将这种"聚焦"称为该共生体的适应性。后续，我们将通过演绎逻辑进一步推导得出这个结论。

2. 共生体衍生的专业化商业模式

共生体是在"基因"层面看利益相关方和利益相关方因交易而形成的聚合体——生态系统。通过抽象共生体，我们可以用更基础的视角审视整个结构，并了解商业模式的内核。专业化商业模式是专业化从事基础研究、应用研究、开发研究的主体的商业模式。同样的共生体可以衍生出不同的专业化商业模式，表现在以具体机构为焦点的商业模式中，每一个基本角色可以分工给不同的具体主体，该主体也就承担了与基本角色相对应的业务活动环节。在具体的焦点企业的商业模式中，不同基本角色可能由同一企业、高校或公共部门主体承担，这些都带来了商业模式的多样化。

有许多关于商业模式的专著，已经系统论述了如何基于商业模式讨论企业的行为，故在本书的首章不再重复论述。在分析研究型平台商业模式时，一个侧重点在于我们会从五个底层业务活动流程背后的痛点与难点着手，并分别讨论每一个商业模式是如何解决这些痛点的。一个能够高效、稳定运作的商业模式至少能够应对数个痛点或难点，这就对应了一系列的模式设计要点，涵盖了利益相关方的选择，项目评议、研发需求提出、资源匹配等业务活动的分工，退出机制等交易的设计。

3. 治理结构

最后一个微观的视角是聚焦主体（组织或平台）内部的治理结构，包括对组织结构、决策流程、运行机制、激励与分配等方面的讨论。我们发现科技创新共生体或商业模式往往都离不开一个核心载体——本书涉及的研究型平台，该载体内部具有独立的决策部门，按照一定的决策流程保障科技创新的秩序，引导科技创新的方向。该载体的内部治理结构对于科技创新体系的运营效率与稳健性均发挥着重要的影响力。例如，组织（平台）是更多地采用科层机制，还是更多地依赖于市场机制；决策是更加集中、长链条，还是分散、短链条；决策的参与方分别是什么来历，如何保障其参与动力。这些微观问题在过去的科技创新体系讨论中常常被忽略。故在接下来的讨论中，我们同样会对内部决策单元的具体组成与运营方式进行剖析，这也有助于理解共生体、商业模式是如何运行的，也是厘清科技创新之"举"的重要一环。

第五节 科技创新之"果"

科技创新的成果与体系都需要一套评价标准，基于这些标准我们才能够对比和评价不同科技创新共生体、商业模式的优劣，并在此基础上给出改善的方向。这里我们给出三个不同类型的判断标准。

（1）价值创造，即判断实际研发成果、产品成果带来的收益。站在主体的角度，该收益可能表现为利润；站在社会角度，则可以更多考虑税收、就业等外部性收益。为更加完整地衡量价值创造，我们引入魏朱商业模式对于价值创造的评价框架，按照交易价值、交易成本和交易风险三个方面对模式的价值创造进行全面评估。该框架的优势在于其能够解构价值创造的来源，相对于直接点出最终利润的提升，还可以指出利润的提升渠道，给出更精细的对于科技创新成果的刻画。同时，该框架也更容易构建科技创新之"举"和科技创新之"果"间的因果关系。

（2）效率，即评价组织资源投入与科技成果产出之间的比率。好的共生体与商业模式能够撬动资源杠杆，或最大化资源的转化效率。

（3）可持续性，指治理机制与模式是否可持续运作。影响可持续性的因素有很多，例如，长期经营带来的利润不足以弥补运营成本，而初始的投入（往往是某种形式的补贴）又难以为继；组织的激励机制不足以挽留人才，导致组织因人才流失而逐渐分崩离析；组织缺少有效的引导与约束机制，机会主义行为可能导致组织的运作偏离初始目标……以上问题大多源于治理机制与交易设计的缺陷，导致组织虽然在早期拥有较好的表现，但是不具备长期稳健运作的能力，或无法抵御冲击与风险。在接下来的讨论中，我们将反复用到这里的评价工具。

总之，研究型平台的商业模式是一个广受关注的话题，无论是地方政府、高校还是企业都会关注"研究能够高效转化成产品服务市场的一个模式"。其中存在很多挑战，包括如何提出创新的研究话题，基础研究话题是否与市场需求匹配，研究内容如何进行产业转化，如何控制研发中的风险等。这些几乎是研究型平台在发展过程中必然会遇到的问题。

通过观察美国产学研生态中的研究型平台，我们研究了包括政府（公共基金）、企业、高校、行业协会在内的不同的生态系统，发现这些主体在基础研究、应用研究和开发研究的不同阶段扮演了不同的角色，发挥了不同的作用，从而服务了一个新想法从诞生到技术转化、再到产品化落地的全过程，并在扶持新企业、催熟新技术的同时，促进了产业发展。在研究美国十个研究型平台商业模式案例的基础上，我们归纳提炼出了研究型平台的商业模式构建逻辑，希望能够为广大的研究型平台提供一个不同的解决问题的视角和工具。

CHAPTER 2

第二章

政府机构主导的研究型平台的商业模式构建逻辑

在美国众多官产学研生态中,我们经常发现这样一类研究型平台的商业模式,其由政府创建的机构主导构建,联合行业内多个利益相关方,扮演了产业界、学术界、政界之间的桥梁,从而促成了更高效的合作,推动了关键技术的发展与市场应用水平的提升。这样的机构在具体案例中可能表现为政府基金会、研究中心或者产业园区的组织机构,都蕴含着"顶层设计"思想。

我们提炼了政府机构主导的共生体,并在商业模式理论的指导下,拆解了官产学研的业务活动环节,描述了以政府机构为焦点主体组织的业务活动分工与利益相关者的交易结构。结合商业模式的分析框架,我们思考了该模式能够有效地克服哪些官产学研业务环节上的难点,又是通过哪些渠道实现的,为何政府角色的组织者在该模式中更有效等问题,并在美国产业-大学合作研究中心(I/UCRC)、麻省生命科学中心

（MLSC）、北卡罗来纳州三角产业园区（NCRTP）三个典型的政府主导商业模式中寻找到上述结论的实践印证。

第一节 政府机构主导的衍生共生体

在政府主导的商业模式中，政府的目的在于更好地促进当地的技术发展，提高整体的技术成果转化落地效率，因此可以认为政府是关注产学研整体业务环节中的所有业务活动，但政府在其中并不是所有活动的承担者，而是共生体的架构者与统筹者。政府机构在共生体中扮演核心角色，并以自身为桥梁，连通了供给和需求两侧的产学研角色。

图 2-1 所示为政府机构主导的衍生共生体。其中，转化机构往往是由某种政府治理下的主体承担，其处于模式核心地位，是贯穿科技成果转化链条的关键角色，也就是"链主"的角色。它连接了评审组织、需求方、应用方和研发机构，使得整个官产学研共生体中的主体能够通过该"桥梁"实现深度合作。具体而言，该共生体由评审组织审核和资助，需求方负责提出选题和资助，应用方获取研究成果，转化机构负责研发机构的资助与管理业务。

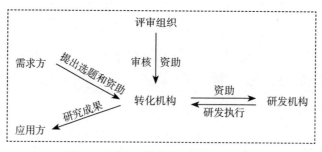

图 2-1 政府机构主导的衍生共生体

共生体实例化后可以表现为不同的具体生态系统（见图 2-2）。在 I/UCRC 的生态系统中，需求方和应用方均是会员企业，其负责提出需求、把握研究选择并获得转让的研究专利；评审组织和转化机构均由政府机构承担，负责项目的审核、资助与转化；研发机构则是高校，是研发活动的主要承担主体。与之类似，在三角园区模式中，政府同样是担任了评审组织和转化机构的角色。研发机构为高校，需求方与转化机构均为高校在三角园区内部设立的三角研究所与研发型中心。政府基金会作为园区的运营管理组织与项目的评审组织，园区入驻企业是最终研究成果的应用方。

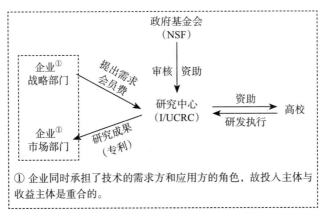

a）I/UCRC 的生态系统

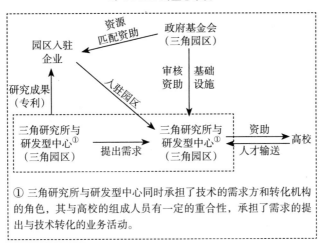

b）三角园区的生态系统

图 2-2　I/UCRC 和三角园区的生态系统

本书案例中也有与此衍生共生体不同的实践。MLSC 的生态系统（见图 2-3）中，整体是围绕政府基金会、生命科学企业、高校三方展开，生命科学企业同时承担了技术的需求方、转化机构和应用方三重角色，负责从市场中提出有价值的学术问题、进行转化研究并应用研究成果等，这些交易均发生在企业内部。高校则担任了研发机构的角色，同时还负责人才培养和输送。不同的是，政府仅担任了评审组织角色，政府资金不再是通过转化机构对行业企业进行资助，而是直接由政府资助给企业和高校。这种生态系统的共生体与前文的衍生共生体有差异，带来的优势是政府花费的成本与精力较小，但问题是政府并不充分了解市场的资源需求，故在资源配置上存在信息不对称，共生体的运转效率可能较低。

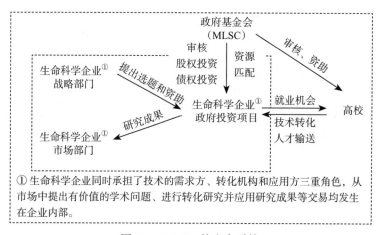

图 2-3　MLSC 的生态系统

围绕政府这一焦点主体审视上述生态系统，我们能够描述出商业模式。回到官产学研的底层业务活动流程，我们可以发现不同商业模式的业务活动承担主体其实具有高度的相似性。例如，在组建委员会进行项目评议的环节，I/UCRC 的同行评议小组、MLSC 的董事会与三角园区的理事会具有本质上相似的主体属性、角色与职能。而在研发执行与研发需求的提出环节，I/UCRC 的研究站点与三角园区的三角研究所和研发型中心本质上也均为政府公共部门与高校共同参与组建的联合研发主体。

我们可以在图 2-1 中区分出主导角色与参与角色（见图 2-4），从而更清晰地看出共生体的结构特征。例如，I/UCRC 和三角园区案例中的生态系统是同一个衍生共生体，而 MLSC 生态系统基于的共生体略有不同，主要是在政府基金会和高校的交易关系上存在差异。

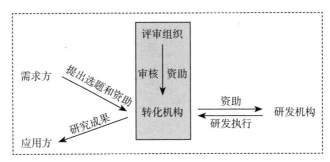

a）政府机构主导的衍生共生体

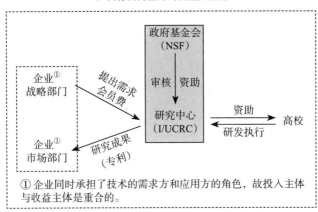

b）I/UCRC 的生态系统

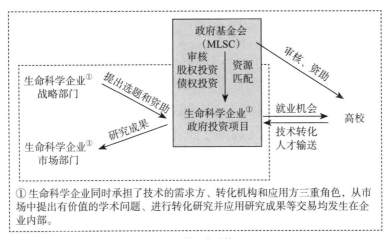

c）MLSC 的生态系统

图 2-4　政府机构主导的衍生共生体与典型生态系统（阴影部分为主导主体）

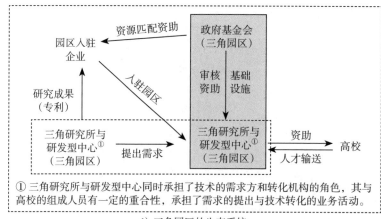

d）三角园区的生态系统

图 2-4　政府机构主导的衍生共生体与典型生态系统（阴影部分为主导主体）（续）

一个共生体会有不同维度的特征，政府机构主导的共生体特征见表 2-1。

表 2-1　政府机构主导的共生体特征

	主导主体目的	实现产业科技成果转化落地
主导主体层面	主导主体聚焦的科学技术阶段	基础研究、应用研究
	主导主体的共生体角色承担	评审组织、转化机构
	主导主体的业务活动流程分工	项目评议、产业转化
	主导主体的资源能力	资金、研究成果（专利）
整体共生体层面	共生体的主导角色	评审组织、转化机构
	共生体的参与角色	研发机构、需求方、应用方
	共生体中的共性、核心交易结构	评审组织向转化机构提供资助与审核；转化机构向应用方提供研究成果等

政府机构主导的共生体在不同科学技术成熟周期中的适用性是有区别的。根据共生体主导者的需求的不同，该官产学研共生体所适合培育的科学技术类型也存在差异。对于政府而言，实现前沿技术的突破，创造国家或地方的科技领先优势才是长期的追求目标，往往倾向于推动有市场化潜力的基础研究与应用研究，包括帮助高校与研究院所的研发成果跨越"死亡之谷"。这类共生体也适于部分缺乏市场动力推动的应用研究，从投入产出比等角度考虑，适当的政府补贴与政策指引能够大幅提高这些技术领域的资源集聚程度。我们在前文中提到的战略性基础研究也适合采用这一类共生体。

第二节 政府机构主导的研究型平台的商业模式设计

我们将衍生共生体中的业务活动与共生体角色罗列出来,并分析在具体以焦点主体为中心的商业模式中这些角色的承担主体是谁(见表2-2)。从中能够看出政府机构主导的商业模式的业务活动分工具有一定的多样性,其中负责项目评议的委员会往往可以由政府机构的委员会、理事会、董事会以及政府基金会承担;项目资助往往由政府基金或者企业承担,这两个角色的业务活动是政府机构经常介入的,表现形式可以是一个政府部门或者是某个基金会。此外,研究需求提出、项目承接与项目转化既可以由企业承担,也可以由研究院所承担,这里的研究院所既可能来自高校,也可能来自政府统筹的公共属性的非营利机构。公共属性的非营利机构虽然并不隶属于政府部门,却是接受政府机构治理的一类特殊主体。这类主体不以营利为目的,而是更多地关注公益属性和社会外部性,也能够在其内部组建类似于高校研究院所的研究站点,并以该研究站点为单位开展研发活动。下文当我们提到政府机构主导的商业模式时,实际上是包含了政府机构和政府机构统筹的非营利机构这两类主体的。

表 2-2 政府机构主导的商业模式中业务活动的承担主体设计

底层业务流程	业务活动拆解	共生体角色	承担主体	是否政府承担
组建委员会	项目评议	评审组织	政府机构的委员会、理事会、董事会,政府基金会	政府
提出研究选题	研发需求提出	需求方	企业、研究院所	非政府或公共属性的非营利机构
研发执行	项目承接	研发机构	企业、研究院所	非政府或公共属性的非营利机构
	项目资助	评审组织	政府基金、企业	非政府或政府
产业转化	项目转化	转化机构	企业、研究院所	非政府或公共属性的非营利机构
商业化	产品商业化	应用方	企业	非政府

这种业务活动分工的差异背后体现了政府机构定位的差异,当政府以及政府统筹的公共属性的非营利机构的治理范围不同时,该机构的定位也是不同的。例如,如果政府机构承担的角色较少,仅停留在项目评

议与项目资助阶段，那么该政府机构定位更加类似于风投，旨在为优秀的初创企业赋能并促进其发展。如果政府机构的治理范围很大，几乎涵盖了从项目评议到成果转化全过程，那么其定位可以类似于中介，旨在促成更加良性的"合同科研"，通过研究站点连接高校和企业，引导研发资源更加具有商业化落地空间，并能够得到发展。虽然两者最终的目的均是投资孵化新技术，但模式的内在运作逻辑是不同的。

那么，为何这样的模式可以成功？这类模式设计的要点是什么？需要怎样的前提条件才能模仿该模式？这是我们下面将要讨论的问题。

要了解为何这样的模式可以成功，我们不妨从哪些因素会导致科学技术转化失败入手。组建委员会（项目评议）、提出研究选题、研发执行、产业转化、商业化的五个底层业务活动流程背后实际上分别存在不同的痛点与陷阱（见表2-3）。例如，在项目评议与提出研究选题阶段，如何保障选题具有市场化前景而非纯粹的实验室理论产物？在研发执行阶段，如何保障资金需求与研发资源的支撑？在产业转化与商业化阶段，如何寻找技术可产业化的具体场景？如何管理专利所有权并设计投资的退出机制？以上均是政府机构在模式设计中需要克服的关键问题。

表 2-3　五个底层业务活动流程对应的关键痛点

底层业务活动流程	关键痛点
组建委员会（项目评议）	（1）如何保障委员会融合学界与业界认知 （2）如何确保成员有动力
提出研究选题	如何保障选题具有市场化前景
研发执行	（1）资金需求如何支撑 （2）研发资源如何支撑 （3）如何控制研发风险
产业转化	（1）如何匹配技术与产业化场景 （2）如何管理专利所有权
商业化	（1）投资方如何退出 （2）如何避免行业垄断

一个高效和稳定运作的商业模式至少能够应对以上痛点，从而对应一系列的模式设计要点，这些要点涵盖了利益相关方的选择、项目评议、研发需求提出、资源匹配等业务活动的分工、退出机制等交易的设计。表2-4针对这些方面均给出了一些示例性的解法，除此之外，还可能探索

出更多样化的模式设计空间。

表 2-4 政府机构主导的商业模式痛点及其对应解法

典型问题	对应商业模式的设计要点	解法示例
保障选题具有市场化前景	委员会利益相关方构成 项目评议业务活动分工	企业界和学术界共同组建多元化评议组织
研发资金与资源需求	融资资源匹配交易结构设计 研发资源匹配交易结构设计	政府出资构建行业共用的基础设施
寻找技术可产业化的具体场景	需求匹配交易结构设计	组建平台让高校和企业相互获得技术需求与研发项目的公开信息
管理专利所有权	专利管理业务活动分工	由统一的组织管理专利转让，或出让专利的有限使用权
设计投资的退出机制	退出机制交易设计	政府基金通过股权、债权投资获益 通过专利转让收入获益 通过社会外部效应获益

这些模式尤其适合由具有当地政府背景的机构主导运营的研究型平台，原因如下：

1）从目的出发，高校与企业均没有动机参与所有的业务活动环节。高校更加关注于让本校教授的研究成果得到孵化与产业化，故承担的角色侧重于上游；企业更加关注于触达好的技术或者推进自身的研发项目，故承担的角色侧重于下游。完整运营所有业务活动的负担是很重的，而政府是比较适合主导官产学研全局的主体。

2）从资源能力出发，政府角色本身拥有该模式必需的资源禀赋。地方政府具有较强的财力、政策红利的制定能力，还拥有较为丰富的土地资源，另外与当地的大量企业与高校也都有密切合作，这些资源能够满足技术转化全生命周期的需求。若非利用政府的谈判能力与强大背书，聚合这样庞大的专家团队需要更强的行业地位与资源交换，会大幅抬高模式运营的门槛，也难以获得企业家与高校的信任，而政府主导的公益属性机构则会打消高校与企业间的不信任并整合零散的资源。

3）从盈利要求出发，运营这样的商业模式需要大量的成本，且能够带来大量的正外部性，并非纯粹以营利为目的。更多的核心攻关型科学技术需要较长期、较大规模的投入，且具有强市场竞争与高风险，这对于一般的企业而言是不具有经济效益的。但政府机构通常为公共性质的非营利机构，具有充分的目的性与可行性。

第三节 典型案例

麻省生命科学中心（MLSC）是非常典型的由政府主导模式设计的机构。该机构是由马萨诸塞州政府牵头建立的，以保持并发扬马萨诸塞州的生物医药产业的领先地位为初衷。这种目的导向使得 MLSC 的业务活动以多元化的投资业务和本地化的生态打造为主。前者包括股权、债权等项目资助性质的投资，以及人才输送、提供土地、政策优惠、促进产业合作等方式的投后管理。后者主要包括本地人才培养计划以及实验室、共用数据平台等行业基础设施的打造。

围绕这些业务活动，MLSC 依托州政府资源，将高校、社会资本、业界生命科学技术企业结合起来，形成了一个能够稳定地扶持初创企业，并招商引资吸引龙头药企的商业模式（见图 2-5）。

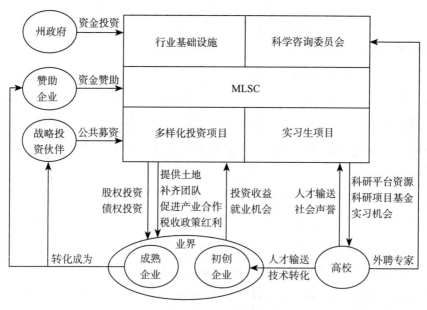

图 2-5 MLSC 商业模式

与之类似的是美国产业–大学合作研究中心（I/UCRC）。I/UCRC 是由美国国家科学基金会（NSF）发起的，以大学为基地，政府资助、行业参与的一种政产学合作科研创新联盟。出于类似的设立目的，I/UCRC 的主流业务活动以项目资助为主，旨在通过政府基金与企业赞助投资有潜力的研发项目，促进研究合作的发展，提升美国的工业竞争力。

商业模式方面，I/UCRC 与高校深入合作，高校教授会在其体系内成立自己的独立站点，并派驻研究员，按期提交项目提案并获得拨款。在此阶段，NSF 将会给予教授和高校商业化的建议，以更好地完善提案，并利用其多元化组成的内部评议小组，综合科学家、工程师、教授、项目官员等，采用同行评议的方式，对提案的发展前景、与行业的关系以及市场推广策略等进行评估（见图 2-6）。

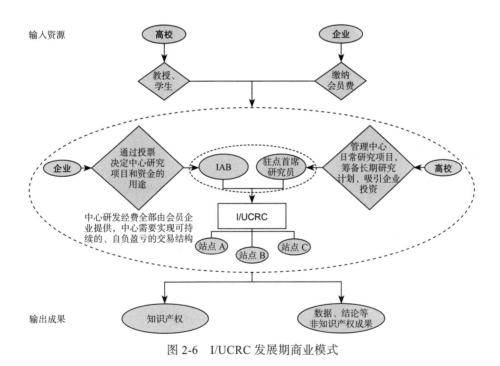

图 2-6　I/UCRC 发展期商业模式

另一个政府主导商业模式设计的典型案例是北卡罗来纳州三角产业园区（NCRTP）。1956 年为发展新兴产业、促进经济转型发展、增加就业、降低失业率，北卡罗来纳州政府牵头设立了三角研究园发展理事会（以下简称发展理事会),负责三角园区的管理运营及统筹规划。

经过长期发展,三角园区成熟阶段已形成了政府、高校、企业和园区四方相互耦合的可持续增长的商业模式,建立了美国最大的研究园区和首要的全球创新中心(见图2-7)。成熟时期,三角园区发展理事会改组为三角园区基金会,全权负责三角园区的运营工作,依然具有非营利属性,政府也已经基本脱离了园区的运营。一方面,基金会对接高校,为高校提供学生就业资源信息、研究型设备与基础设施,支持高校在基金会内部设立三角研究所并不断推出有商业化潜力的科研成果。另一方面,基金会对接初创企业与大型企业,为其提供政府贷款、土地、优秀毕业生以及有潜力的研究所研发成果,企业则会将部分项目基金投入共享中心的持续建设,并提高当地的税收。

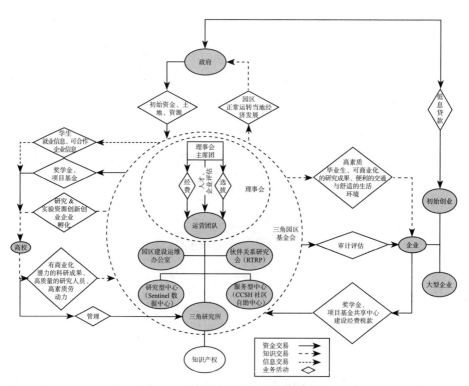

图 2-7　三角园区成熟阶段商业模式

对比三个政府主导商业模式,我们可以提炼出其中的共性特点与差异化设计，与前文我们对于业务活动分工的论述一致：共性特点方面，三者所选取的业务活动、生态系统的成员组成以及成立的目的均是非常类似的；不同点在于不同的利益相关方在对应的生态系统中所扮演的角色是不同的。

科学研究业务活动流程下的细分业务活动至少包括项目评议、研发需求提出、项目承接、项目资助、项目转化与研发后续的产品商业化等（见表2-5）。其中，I/UCRC中项目研发需求的提出方与研发活动的承接主体不同；MLSC中项目申请与项目承接方均是外部企业与少部分的高校团队。相比之下，I/UCRC与三角园区研发需求的提案虽然由研究站点（研究所）提出，但其资金的用途是由各自组建的凝聚了业界与学界专家的委员会投票决定的，而研发活动的承载方则是由高校教授资助成立的I/UCRC体系内的研究站点、三角园区内部的三角研究所与研发型中心。在后续的产品商业化阶段，I/UCRC选择将专利转让给会员企业，而MLSC则由生命科学企业继续承担。

表2-5　三个商业模式中业务活动的承担主体设计

产学研底层业务活动流程	业务活动拆解	I/UCRC	MLSC	三角园区
组建委员会	项目评议	同行评议小组（包括会议企业与其他学者、官员）	董事会（来自业界、学界、政界）	三角园区发展理事会（后改组为三角园区基金会）
提出研究选题	研发需求提出	研究站点	生命科学企业	三角研究所、研发型中心
研发执行	项目承接	研究站点	生命科学企业承接、MLSC资源匹配	三角研究所、研发型中心
	项目资助	NSF、会员企业	政府基金、社会资本	三角园区基金会、园区入驻企业
产业转化	项目转化	研究站点	生命科学企业	园区入驻企业
商业化	产品商业化	会员企业（专利转让）	生命科学企业	园区入驻企业

在表2-4提及的政府机构主导模式面临的问题上，I/UCRC、三角园区与MLSC的解法见表2-6，其中I/UCRC与三角园区具有高度的相似性，故合并在一列。关于如何保障选题具有市场化前景，I/UCRC的解法是由深度了解市场的企业参与项目评议，引导研发选题与市场贴近。与

之类似的，负责三角园区评议决策的基金会，是由来自企业、大学、研究机构和服务机构的28名代表共同组成的理事会主席团和运营团队，其同样具有企业深度参与的特点。稍显不同的是，MLSC的解法是让更多的资金流向有潜力的企业研发项目，由市场主导选题。研发资金与资源需求的满足方面，I/UCRC与三角园区的资源来自企业、政府资源与高校资源，MLSC则来自企业、政府资源与成熟行业基础设施。项目商业化阶段，MLSC的角色逐渐淡化，但其能够通过债务利息收入或就业促进等外部效应实现资金的退出。I/UCRC与三角园区则是通过构建企业获得项目公开透明信息的良好环境，让研究站点和研究型中心持有专利，再转让给合适的企业。企业获得专利后获得产品上市的收益，研究站点和研究型中心获得专利转让收益。

表 2-6 I/UCRC、三角园区与 MLSC 的解法

典型问题	I/UCRC、三角园区解法	MLSC 解法
保障选题具有市场化前景	由深度了解市场的企业参与项目评议，引导研发选题与市场贴近	更多的资金流向有潜力的企业研发项目，由市场主导选题
研发资金与资源需求	企业、政府资源与高校资源	企业、政府资源与成熟行业基础设施
寻找技术可产业化的具体场景	企业获得项目公开透明信息	企业自行设计
管理专利所有权	研究站点和研究型中心持有专利，再转让给合适的企业	不介入企业的专利归属
设计投资的退出机制	企业获得专利后获得产品上市的收益，研究站点和研究型中心获得专利转让收益	更多地利用债权融资工具，或者通过就业促进等外部效应获取

除此之外，国际上还有很多著名的政府科技转化机构，例如中国台湾工业技术研究院（ITRI）和德国弗劳恩霍夫应用研究促进协会，这两个研究型生态系统的共生体与本章政府机构主导的研究型共生体也是相同的。

中国台湾工业技术研究院（以下简称工研院）是一个致力于科技创新活动的非营利性的应用技术公共研究机构，其商业模式如图2-8所示。工研院通过技术转移、技术辅导、提供相关服务等方式，将研发成果以市场化的方式扩散到产业界，为中国台湾高技术产业的发展做出了十分

突出的贡献。工研院定位于前瞻性、适用性的应用技术的开发和商业化，一不做基础研究，二不与企业争市场。这种清晰的目标定位解决了基础研究机构不愿意做、企业不敢做、政府不能做的事情，搭建了跨越技术与市场之间鸿沟的桥梁。与本书所提出的商业模式类似，工研院成为连接政府、企业、大学、国外技术源的中枢，变为中国台湾区域创新体系的关键环节。它的主要角色包括接受企业委托研究开发、辅导厂商研究发展、加强与国外工程学术团体之合作、关键性新技术引进与推广、协助中小企业研发、针对关键性新技术及新产品进行市场分析及经济评估、设置小型实验工厂、成立技术转移公司、推动试验及试制服务、积极筹设能源研究所等，起到了桥梁与整合资源的作用。

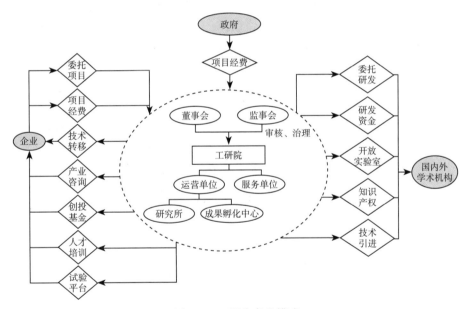

图 2-8　工研院商业模式

19 世纪 40 年代，德国弗劳恩霍夫应用研究促进协会（以下简称弗劳恩霍夫）在德国联邦经济部与德国科学基金会（DFG）的扶持下成立，其商业模式如图 2-9 所示。模拟现代企业组织结构，弗劳恩霍夫设立了权责清晰的组织架构和管理制度确保决策合理性，围绕学科领域设立了八大技术联盟，联盟之下设立 76 家研究院。弗劳恩霍夫在政府支持下开设了德国科研专利中心，该中心为协会、高校、科研机构、自由发明人提供专利的配套服务。通过"合同科研"的方式，客户享有弗劳恩霍夫各研究所的研发科技积累和高水平的科研服务，通过研究所的多学科合作，可直接、迅速地得到为其"量身定做"的解决方案和科研成果。弗劳恩霍夫还经常以自身的号召力主导创新聚集区，整合局部地区关键企业、技术、高校等机构，针对某个核心技术进行研发和推广，这也是一种行之有效的协同机构创新实例。

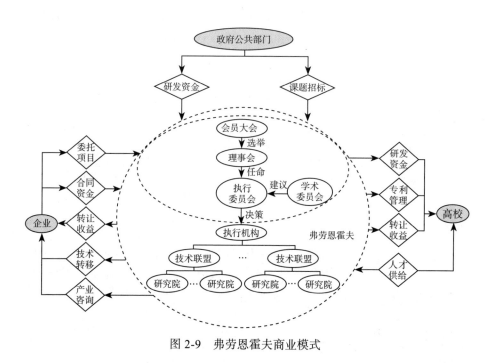

图 2-9　弗劳恩霍夫商业模式

CHAPTER 3

第三章

高校学术界主导的研究型平台的商业模式构建逻辑

除了政府主导的商业模式外，我们还发现了这样一类常见的商业模式，由学术界的高校与科学家作为主导方，围绕高校的大量创新资源与专利构建了更有利于科学技术实现产业转化的生态。在此目的下，我们提炼出了高校学术界主导的共生体，并在商业模式理论的指导下，拆解了产学研的业务活动环节，以高校学术界为焦点主体，组织了业务活动分工与利益相关者的交易结构，提出了一种合理的商业模式设计。该商业模式能够更好地解决高校学术界在产学研中面临的痛点，从而实现其基础研究和应用研究的科技成果转化需求。进一步，我们通过麻省理工学院媒介实验室（MIT Media Lab，以下简称媒介实验室）和斯坦福大学技术许可办公室（OTL）两个典型案例验证了这一商业模式在实践中的具体应用与效果。

第一节　高校学术界主体主导的衍生共生体

从官产学研的底层业务活动流程入手，我们可以看出，高校、科研院所等学术界主体更加侧重于上游的业务活动流程环节，同时，更加关注基础研究和应用研究。如图 3-1 所示，基础研究方面，高校首先基于同行评议原理组建评议委员会，以论文发表为导向提出研究选题，并聚焦于有理论贡献的原理研究层面的研发执行，产出论文、专利等研究成果。应用研究方面，部分高校等学术机构也会与业界专家共同组建委员会进行项目评议，提出并筛选更多面向有市场化前景的技术，并在实验室阶段做到产业化（基本是产品 DEMO）。

图 3-1　高校学术界关注的产学研业务流程

综上所述，高校为主导的共生体特点在于其核心业务流程集中在组建委员会（项目评议）、提出研究选题和研发执行三个环节，而后续的产业转化和商业化则往往并非高校的目标和任务，这两个环节主要由学术界之外的主体后续完成。因此，评审组织、需求方和研发机构三个角色在该共生体中扮演核心角色，且往往处于高校内部，可能由相同的主体或者有着治理关系的多个主体共同承担。转化机构和应用方在该共生体中往往来自高校外部的业界，相对而言并非核心角色，而是前面几个业务活动的延伸。据此，我们绘制了高校学术界主导的衍生共生体结构（见图 3-2），描绘这种产学研关系。

具体到麻省理工学院媒介实验室（见图 3-3），可以发现，转化机构处于共生体的核心位置，需要负责承接研发机构的研究成果，并为其匹配市场中的应用方。在媒介实验室的共生体中，研究小组承担了研发机构和转化机构的角色,其直接对接由会员企业承担的需求方和应用方,并受到评审组织(媒介实验室委员会)的直接管理。这种共生体使得教授们的基础研究成为应用引发的基础研究,即前文提及的"波尔象限",从业务活动流程的源头为产学研链条增加了价值。

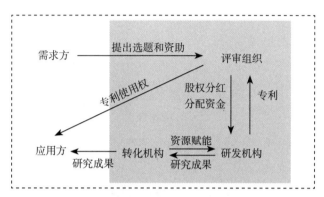

图 3-2　高校学术界主导的衍生共生体结构

注:图中阴影表示该研究型平台的边界,后同。

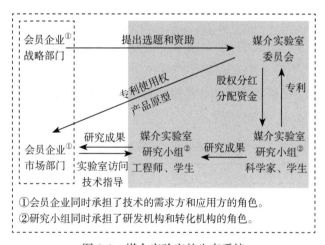

图 3-3　媒介实验室的生态系统

相比之下,OTL 的生态系统(见图 3-4)则略有不同,主要不同在于负责专利权的转让和收益的主体不再是评审组织,而是转化机构。在 OTL 的模式中,转化机构由 OTL 承担,扮演了教职人员与企业之间的桥梁的角色，但 OTL 并未参与基础研究的前期业务，评审组织、需求方、研发机构的角色均为教职人员本身，企业承担应用方角色。因此，OTL 实际上并没有重塑科技成果转化的业务链条，其无法帮助教授们的专利拥有更具市场化前景的选题，也无法介入专利形成的过程，所以相比之下衍生出的商业模式负担更轻，但也没有带来更高的增量价值，效率相对更低。

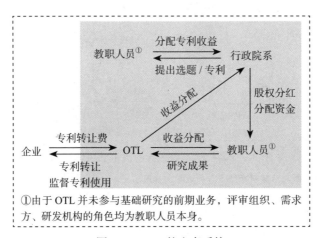

图 3-4 OTL 的生态系统

如第二章所描述的，高校学术界主导的共生体也具有一定的共性特征，见表 3-1。在该共生体中，主导主体高校学术界通常承担的角色包括评审组织、研发机构和转化机构。

表 3-1 高校学术界主导的共生体特征

主导主体层面	主导主体目的	引导科技成果产出与促进科技成果转化变现
	主导主体聚焦的科学技术阶段	基础研究、应用研究
	主导主体的共生体角色承担	评审组织、研发机构、转化机构
	主导主体的业务活动流程分工	项目评议、研发执行、产业转化
	主导主体的资源能力	创新资源、研究成果（专利）
整体共生体层面	共生体的主导角色	评审组织、研发机构、转化机构
	共生体的参与角色	需求方、应用方
	共生体中的共性、核心交易结构	评审组织向应用方转让专利所有权；转化机构为应用方提供研究成果等

从麻省理工学院和斯坦福大学两个高校主导构建的机构定位来看，该共生体的适应性表现为更适合基础研究、应用研究阶段的科学技术成果转化。例如，媒介实验室对自己的定位是超早期技术的识别者与创新者，超早期阶段即指从最原始想法的提出到完成创意展示 DEMO 的过程。对应来看，其侧重于基础研究的进一步转化。OTL 聚焦于已经进入专利申请阶段的技术的专利转化，故其侧重于应用研究的进一步产业化。

第二节　高校学术界主导的研究型平台的商业模式设计

相同的共生体可以产生同一个焦点主体不同的商业模式设计。首先，我们拆解产学研底层业务活动流程下的细分业务活动，通常情况下，各细分业务活动在高校学术界主体主导的商业模式中的承担主体见表 3-2。其中，承担项目评议、项目资助的往往是评审组织，承担研发需求提出的是需求方，承接项目研发的是研发机构，承担项目转化和产品商业化的则是转化机构和应用方。这些共生体概念下的角色在具体的商业模式中可以由不同的主体承担，从而产生不同的商业模式。

表 3-2　高校学术界主体主导的商业模式中业务活动的承担主体设计

底层业务活动流程	业务活动拆解	共生体角色	承担主体	是否属于高校内部
组建委员会	项目评议	评审组织	高校校、院、系级管理组织	内部
提出研究选题	研发需求提出	需求方	高校课题组（纵向项目）、企业（横向项目）	内部/外部
研发执行	项目承接	研发机构	高校课题组	内部
研发执行	项目资助	评审组织	高校校、院、系级管理组织	内部
产业转化	项目转化	转化机构	高校课题组、高校孵化器、技术转化办公室、风投、企业	内部/外部
商业化	产品商业化	应用方	企业	外部

例如，在研发需求的提出方面，高校内部既有由高校课题组提出研究课题的纵向项目，也有由外部企业提出研究需求的横向项目。在项目转化阶段，既可能由高校的研究团队成立项目公司自主进行转化，也有

可能由高校的孵化器或者技术转化办公室代为运营和转化。同时，该专利技术可能被高校外部的风险投资公司投资或者被企业收购，从而进入下一个技术成熟周期等。

同时，当我们以高校为商业模式的焦点主体时，业务活动分工也存在规律，例如评审组织、研发机构往往处在高校内部，应用方往往处在高校外部，而需求方和转化机构则往往两者皆可。

下面我们分析高校为何有动力构建这样的商业模式，该模式的设计要点是什么，以高校为中心的生态系统解决了怎样的难点，以及应用此商业模式的前提假设是什么。

阻碍高校做好产学研的原因有很多，我们将其中的关键痛点对应到产学研的五个底层业务活动流程中（见表3-3）。例如，在项目评议与提出研究选题阶段，如何保证实验室课题有足够的市场化潜力，避免纯粹以论文、理论贡献为导向的研究；在研发执行阶段，教授需要大量技术设备、基础设施等实验条件，以及原型机制造能力等研究资源，这往往是高校难以独立满足的；在产业转化阶段，如何为专利技术找到产业化的场景，如何管理专利所有权并保证教授团队在这个过程中有足够的动力跟进（毕竟成果转化存在风险，而且这对于教授而言并非本职工作）；在商业化阶段，如何确保投入方有有效的退出渠道等。这些都是高校在技术转化过程中面临的关键痛点。很多高校的成果转化卡在了其中某些环节，导致资源投入虽多，但是解决效果达不到预期。例如，很多技术虽然成立了项目公司，或者获得了融资，但仍以夭折告终。

表 3-3　五个环节对应的关键痛点

底层业务活动流程	关键痛点
组建委员会（项目评议）	如何拉近实验室课题与市场的距离
提出研究选题	如何保障选题具有市场化前景
研发执行	如何为教授匹配产业化所需资源
产业转化	（1）如何为专利技术找到产业化场景 （2）如何管理专利所有权 （3）如何保证教授有技术转化的动力
商业化	如何保证有效的退出渠道

上述痛点背后蕴含着特定的商业模式设计要点，一些可行的解法见表 3-4。

表 3-4　高校学术界主导的商业模式设计要点及其对应解法

典型问题	商业模式设计要点	解法
保障选题具有市场化前景	委员会的内部利益相关者构成 适配研发需求的业务活动分工	由企业承担选题提出的业务活动，并参与项目评议
为教授匹配产业化所需资源	融资资源匹配的交易结构设计 研发资源匹配的交易结构设计	高校组建基金扶持研究项目 高校孵化器为研究项目融资 联络工厂、企业、外部实验室，匹配研发资源
为专利技术找到产业化场景	技术供需匹配的交易结构设计	高校研究团队与提出该研发需求的企业对接 高校设立专利转化组，负责为专利匹配落地场景
管理专利所有权	专利管理业务活动的分工	高校设置管理专利的组委会，负责专利的申请与转让活动
保证教授有技术转化的动力	利益分配的交易结构设计	由高校专利管理的组委会和教授课题组共享技术转让收益 高校专利管理的组委会承担专利申请的风险和成本 高校教授能够入股项目公司
保证有效的退出渠道	利益分配的交易结构设计	企业支付购买专利的费用，并与教授分成 企业向专利管理组委会支付费用，享受专利的优先使用权

下面我们从模式的应用前提假设和适用的科学技术成熟阶段对该类模式进行评述。

在应用的前提假设方面，该模式之所以适合由高校主导，主要原因有两个。①主导主体需要拥有大量的专利技术储备或者创新资源储备，才具备施行该模式的资源禀赋。处于科学技术创新链条最上游的高校，具有储备大量创新资源的"天赋"。②主导主体并非为营利而构建该商业模式，而是为了提高科学技术转化的效率。从高校的目的来看，组建完整的生态与产业链的目的通常是帮助处于研发早期的基础研究技术进一步发展和成熟，虽然过程中其可以签订合同获得技术转让的分成，但其主要目的是让此模式可持续，而非营利。若由非高校的营利机构主导，则其在专利技术的转化方面会仅考虑短期的商业收益，从而可能忽略处于相对困难的基础研究阶段、距离市场较远的科学技术。

第三节 典型案例

典型的由高校主导的商业模式案例是麻省理工学院媒介实验室。1985年，该机构由尼古拉斯·尼葛洛庞帝与麻省理工学院前校长杰罗姆·威斯纳共同创建，致力于打造世界领先的研究与学术机构。媒介实验室商业模式如图3-5所示，媒介实验室的管理委员会统筹各个研究小组的研究工作的资金分配，各大会员企业负责向管理委员会提交会员费，向研究小组提出行业共性的技术需求，并享有研究小组的专利成果的免费使用权。

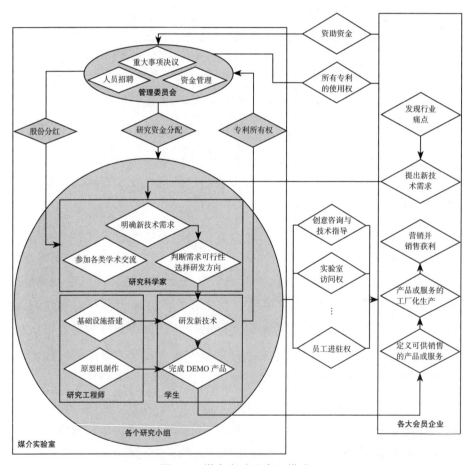

图 3-5　媒介实验室商业模式

另一个与之类似的模式是斯坦福大学技术许可办公室（OTL），该机构是斯坦福大学为更好地实现本校专利转化而设立的，属于高校内部的机构，主要业务活动为收集研究人员在科研过程中产生的前期专利，进行评估判断其商业价值，对具有商业化潜力的发明向发明人提出建议，帮助其申请专利，寻找合适的专利许可企业，并签订专利许可协议。OTL商业模式如图3-6所示，高校内部由教职人员向OTL上报前期专利，OTL负责研究发明的披露、评估与专利申请，并在专利商业化获益后与教职人员分享收益。高校外部由OTL对接企业，营销专利、监督企业对于专利的使用情况，企业向OTL购买专利许可，并提供专利申请费用。

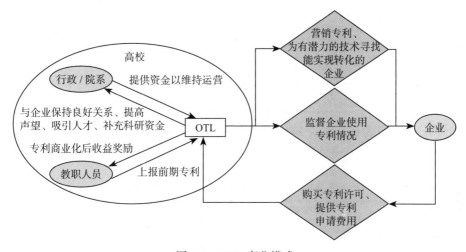

图 3-6　OTL 商业模式

拆解产学研底层业务活动流程下的细分业务活动，和前文的表3-2进行对比，我们能够看出这两个商业模式中业务活动的承担主体（见表3-5）及其业务活动在高校内外部主体之间的分工是一致的。

同时，这两个商业模式中业务活动的承担主体也展现了不同的商业模式设计思路。麻省理工学院与斯坦福大学的两个机构的设立初衷均是帮助高校研究团队的科学技术实现转化，但这两个机构的定位是不一样的。媒介实验室的定位是帮助更多的面向市场的超早期科学技术能够诞生并且跨过"死亡之谷"，成功与市场对接；而OTL的定位是帮助提交专利申请的技术更好地进行专利管理与专利转化。

我们可以看出二者介入的阶段与业务活动选择也是不一样的。整体来看，媒介实验室从项目评议、项目承接到项目资助和项目转化全程参与，重新设计了产学研全程的参与主体的角色以及业务活动分工；OTL则是从产业转化的后期开始介入，前期依然是由教职人员主导研发执行，并由企业承担后续的商业化，OTL仅作为一个连接企业和教授的桥梁，成为集中处理高校专利的专业化平台。

表 3-5　两个商业模式中业务活动的承担主体设计

产学研底层业务流程	业务活动拆解	媒介实验室	OTL
组建委员会	项目评议	高校管理委员会	教职人员
提出研究选题	研发需求提出	各大会员企业	教职人员
研发执行	项目承接	媒介实验室研究小组（研究科学家、学生）	教职人员
	项目资助	高校管理委员会	行政院系
产业转化	项目转化	媒介实验室研究小组（研究工程师、学生）	OTL、企业
商业化	产品商业化	各大会员企业	企业

针对表 3-3 提出的关键痛点，媒介实验室和 OTL 也存在一些共性和差异化的实践（见表 3-6）。

表 3-6　媒介实验室和 OTL 的对应解法

关键痛点	媒介实验室解法	OTL 解法
保障选题具有市场化前景	由会员企业发现行业痛点并提出技术需求，由科学家团队进一步判断可行性并立项	尚未介入
为教授匹配产业化所需资源	媒介实验室内部的研究工程师会负责基础设施的搭建与原型机制作；后续的工厂化生产交由企业进行	尚未介入
为专利技术找到产业化场景	研究小组的产品均来自会员企业需求，可以精准匹配企业进行产品定义及工厂化生产	寻找企业营销专利，监督企业的专利使用情况
管理专利所有权	管理委员会享有专利所有权，各大会员企业享有所有研究小组研究成果的免费使用权	设计了签约费（获得专利许可的费用）、基于销售的许可使用费、最低年费、基于进程付费等不同的许可费形式
保证教授有技术转化的动力	媒介实验室的收入与研究人员的薪资进行捆绑	OTL 承担了高昂的专利申请费，以及走申请程序、对接企业的业务
保证有效的退出渠道	主要来自会员企业向管理委员会支付的年费，以及咨询指导的服务费	获得企业购买专利许可的费用，并与教授分成

媒介实验室在模式设计层面上关注从项目评议、提出研究选题、研发执行到产业转化的全过程痛点解决，尤其侧重于"保障选题具有市场化前景"和"为专利技术找到产业化场景"两项，具有很强的特色。其具体实现的方式是通过构建一套特殊的会员企业生态，由会员企业发现行业痛点并提出技术需求，并自然地由会员企业承担后续的产品定义及工厂化生产。通过赋予会员企业需求提出方和成果应用方两个角色，巧妙地解决了技术离市场远、技术没有产业化场景的常见问题。

OTL 则聚焦于产业转化这一步的痛点解决，侧重于解决管理专利所有权、为专利技术找到产业化场景以及保证教授有技术转化的动力这三个典型问题。具体而言，一方面，OTL 设计了签约费（获得专利许可的费用）、基于销售的许可使用费、最低年费、基于进程付费等不同的许可费形式，通过设计收支方式控制交易风险，更好地进行专利管理。另一方面，OTL 承担了高昂的专利申请费，以及走申请程序、对接企业的业务，降低教授进行技术转化的时间与资金成本等，保证技术转让的成功率与收益，增强了高校教授参与技术转化的意愿。

CHAPTER 4

第四章

市场需求主体主导的研究型平台的商业模式构建逻辑

除了前面章节阐述的商业模式外,还有一类常见的商业模式,即由市场需求主体担任主导方,通过与多方利益相关者合作以增强其现有的能力和渠道,并以此获得差异化的机会。本章分析了美国国防高级研究计划局(Defense Advanced Research Projects Agency,DARPA)、美国生物技术公司渤健(Biogen)两个典型的市场需求主体主导的研究型平台的商业模式。

第一节 市场需求主体主导的衍生共生体

首先,作为市场需求主体,其目的是更好地完成应对自身产品需求的开发研究。在市场需求主体主导的衍生共生体中,市场需求主体是该类共生体的核心,其需要根据市场需求提出研发选题并资助研发部门开展科研项目(见图4-1)。

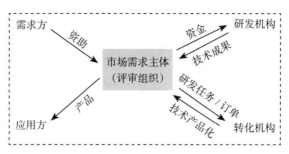

图 4-1　市场需求主体主导的衍生共生体

在 DARPA 所在的生态系统中，需求方与应用方（项目的发起方）分别是美国国防部和部队，其根据实战中的需求，基于特定技术方向聘请项目经理，由经理制订项目计划，得到 DARPA 局长通过后，在经理主导下完成项目参与主体的选择和项目研发的推进。在此过程中，DARPA 会与高校实验室合作，带有明确需求地完成从基础研究到实用性较强研究的转化。DARPA 在完成项目既定的目标后，通过技术产品化制造原型机，进一步验证技术可行性，最后以市场化等机制退出对项目的资助和管理，使研究成果进入市场。同样，在 Biogen 所在的生态系统中，需求方与应用方是市场潜在消费者，Biogen 凭借敏锐的市场洞察力确定市场需求，项目经由 Biogen 董事会与外部创新部门审议通过后，Biogen 与高校、医院、学术研究机构及合作企业等共同开发产品。在项目研发工作完成后，Biogen 与合作企业共同承担成果产品化与商业化的任务。

如果围绕市场需求这一焦点主体审视上述生态系统，我们就能够描述出其具体的商业模式。例如，在组建委员会进行项目评议环节，DARPA 的项目经理制度与 Biogen 的外部创新部门具有相似的主体属性与职能。

基于图 4-1，同一个衍生共生体的两个生态系统如图 4-2 所示。

对于市场需求主体主导的共生体而言，其特征见表 4-1。

市场需求主体主导的共生体在不同技术成熟周期中的适用性是有区别的。对于纯粹追求商业化利益的企业而言，研发周期短、技术风险低、市场变现快的短平快项目是企业的首选；研发周期长、投资规模大、高风险的研发项目则容易被市场所忽略。前者往往是在技术成熟周期中相对偏后期的应用研究与开发研究,而后者则多集中于硬科技的基础研究。对于市场需求主体而言,实现利润最大化、企业价值最大化是根本目标,故其在商业模式的设计出发点上就会与政府主导的商业模式设计有所不同。这种商业模式更适合已有一定基础研究成果的项目,即注重开发研究与应用研究,将科研成果产品化、商业化以满足市场需求。

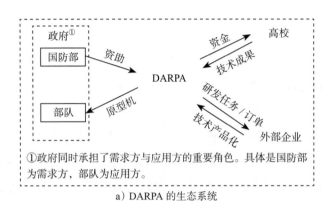

a) DARPA 的生态系统

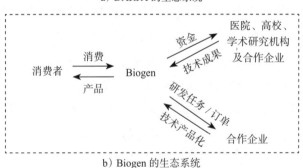

b) Biogen 的生态系统

图 4-2　DARPA 与 Biogen 的生态系统

表 4-1　市场需求主体主导的共生体特征

主导主体层面	主导主体目的	评审项目
	主导主体聚焦的技术阶段	应用研究、开发研究
	主导主体的共生体角色承担	评审组织
	主导主体的业务活动流程分工	项目评议、产业转化
	主导主体的资源能力	资金、研究成果(专利)
整体共生体层面	共生体的主导角色	评审组织
	共生体的参与角色	研发机构、转化机构、需求方、应用方
	共生体中的共性、核心交易结构	评审组织向转化机构提供资助与审核;转化机构向应用方提供研究成果

第二节　市场需求主体主导的研究型平台的商业模式设计

市场需求主体主导的商业模式主要由市场需求主体构建，通过联合行业内多个利益相关方，建立各利益相关方之间的相互信任机制，降低并合理配置风险，利用自身资源能力助推产品高效商业化，从而实现在高风险领域持续稳定输出创新并获得高回报。

首先，我们拆解产学研底层业务活动流程下的细分业务活动，表4-2给出了通常情况下各细分业务活动在市场需求主体主导的商业模式中的承担主体。

表 4-2　市场需求主体主导的商业模式中业务活动的承担主体设计

底层业务活动流程	业务活动拆解	承担主体
组建委员会	项目评议	评审组织
提出研究选题	研发需求提出	需求方/应用方
研发执行	项目承接	研发机构
	项目资助	需求方/应用方
产业转化	项目转化	转化机构
商业化	产品商业化	转化机构

在构建商业模式时，评审组织处于战略前沿地位，其需要兼具市场洞察力与长远的眼光，能根据现有需求或潜在需求对科研项目展开评议。因为本章描述的商业模式由市场需求主体主导，所以除了市场洞察力与长远眼光外，市场需求主体还需要具备较强的决策能力。

"研发需求提出"这一业务活动的承担主体主要是需求方或者应用方。较为特殊的是，在市场需求主体主导的商业模式中，需求方群体与应用方群体经常是同一类主体。不难理解，对于市场需求主体而言，其科研项目选题往往是市场需求导向，以满足该需求为目标，因此其最终的科研成果也会优先服务、应用于需求方。当然，后续的应用方并不一定局限于起初提出需求或存在潜在需求的需求方，市场需求主体可以根据实际情况转化科研成果拓展应用方群体。研发执行这一业务活动流程下的项目承接与项目资助常常可以由不同的主体承担，各个主体充分利用自身优势实现协同效应。研发机构发挥自身在基础研究方面的优势，需求方/应用方为科研项目提供资金支持，实现各利益相关方的优势互补，进而推动该类商业模式的高效运转。

转化机构之所以作为项目转化与产品商业化业务活动的承担主体，是因为其相较于其他主体在科研成果产品化、商业化方面更加专业，更加擅长开发研究与应用研究。而将这两项业务活动交由转化机构负责，有利于使利益相关方各司其职，加速高风险、颠覆性技术从学术前沿到市场产品的转化。

要了解为何这样的模式可以成功，我们不妨还是从哪些因素导致技术转化失败入手。五个业务活动环节背后实际上分别有痛点与陷阱（见表4-3），商业模式的设计应以解决痛点、避免陷阱为目标。表4-3所列为市场需求主体主导的商业模式对于典型问题的一般解法。

表4-3 市场需求主体主导的商业模式对于典型问题的一般解法

业务活动环节	典型问题	一般解法
组建委员会	保障委员会融合学界与业界认知	招聘业界人才，建立各界联系网络
	确保成员有动力	提供资金、背书等支持，赋予权利，提供更高职务
提出研究选题	保障选题具有市场化前景	密切关注市场动向，数据化处理研究方向
研发执行	研发资金与资源需求	向利益相关方募集资金或者寻求资助
	控制研发风险	阶段性目标设置、多条技术路线并行、研发活动外包、与合作方共同承担研发费用与责任
产业转化	寻找技术可产品化的具体场景	招标转移给外部利益相关者；与利益相关方（如企业）合作
商业化	设计投资的退出机制	招标转移给外部利益相关者；产品上市

这类模式可以利用其资源获取能力上的优势，招聘来自各界的人才，或者设立专门联络各界的部门开展相关业务活动来保障委员会融合学界与业界认知。关于如何确保成员有动力的问题，核心在于提升成员满意度与满足感，比如提供充足的资金支持和自由的科研环境，赋予项目经理主导权、决策权与学术声誉，给予员工股权与职位等。关于保障选题具有市场化前景的问题，该类模式可以运用自身市场洞察力方面的优势，将研究方向细化至数据、思路层面，由商业和专业知识兼备的人才高频次进行决策和项目管理。此外，密切关注市场需求，与合作企业共同商议，由市场主导选题也可以保证选题具有良好的市场化前景。在研发资

金与资源需求方面，市场需求主体可以发挥自身融资能力优势，向利益相关方，如国防部、国家科学基金会、外部企业、慈善公益组织、合同研究组织[⊖]、州立部门/社区等募集资金或者寻求资助。在控制研发风险方面，该类模式可以通过与多方合作，设置阶段性目标、采用多条技术路线并行、外包研发活动、采取阶段性投资模式、与合作方共同承担研发费用和责任等方式实现降低风险的目标。关于寻找技术可产品化的具体场景的难题，市场需求主体既可以与在此行业有优势的企业合作，也可以通过招标等方式将该业务转让给外部利益相关者。在设计投资的退出机制方面，市场需求主体既可以将成熟技术产品化这一环节的主导权交由外部利益相关者，也可以是市场需求主体自身获得专利后获得产品上市的收益。

这类模式比较适合由市场需求主体主导运营的研究型平台，原因如下：

1）从目的出发，市场有需求意味着有谋利的可能性，但是对于高风险的研发项目，一方面，研究机构更多地注重基础研究，缺乏将研究产品化、商业化的能力与资源；另一方面，企业往往不愿意承担极高风险的研发项目，更不愿意在基础研究阶段承接此类项目。因此，市场需求主体通过投资/合作研发的方式展开科研，可以融合自身与科研机构的优势，齐力满足市场需求。

2）从资源能力出发，市场需求主体具有敏锐的市场洞察力，具备其特有的灵活性与资源禀赋，可以根据市场需求明确项目发展方向。在项目执行的过程中，市场需求主体还可以根据市场变化调整发展战略，保证研发活动的可持续性。

3）从专业性出发，市场需求主体相较于其他主体在科研成果产品化、商业化方面更加专业，更加擅长开发研究与应用研究。因此，市场需求主体主导的商业模式设计可以使利益相关方各司其职，加速高风险、颠覆性技术从学术前沿到市场产品的转化。

4）从盈利模式出发，市场需求主体具备很强的融资能力，一方面可以从外部获取项目资助投入研发，另一方面可以结合自身科研成果转化与商业化方面的优势将转化后的研发成果投入市场以获取利润。

⊖ 即 CRO（Contract Research Organization），又称医药研发外包。

第三节 典型案例

DARPA，即美国国防部下设的美国国防高级研究计划局，是美国国防部最核心的研发部门，其使命是对涉及国家安全的突破性技术进行关键性投资，是典型的需求主体主导的商业模式案例。通过独特的以项目经理为中心的模式设计，成功地降低和配置了风险，并利用自身资源能力助推技术和产品高效商业化，从而实现了在高风险领域持续稳定输出创新并撬动高回报的商业模式。

Biogen 是一家全球知名的美国生物技术公司——渤建公司，主要从事多种疾病治疗药物的研发工作，也是典型的市场需求主体主导的商业模式案例。Biogen 采用开放式创新的研发模式，与多种利益主体缔结合作关系，展开业务活动、完成协作，包括合作研发新的疾病解决方案，合作展开临床试验，自建基金会促进科学教育发展等，涉及的外部合作方包括高校、企业、医院、公益组织等。

DARPA 和 Biogen 的商业模式分别如图 4-3 和图 4-4 所示。

可以看到，在这类商业模式中，评审组织往往是市场需求主体本身，而实际评审组织本身的具体表现形式也可以是多种多样的，如 DARPA 的评审组织主要是 DARPA 局长与其聘用的项目经理，而 Biogen 的评审组织则是董事会与专注产学研合作联络的外部创新部门。

DARPA 采取的是轻资产的商业模式，自身并不建立任何实验室，一般采取外包给高校实验室或初创企业、签订阶段性合同的形式，由外部利益相关者承担研发任务。此外，由于大部分项目经理本身来自高校或企业，因此项目经理也可以利用自身资源对相关科研人员进行资助，而不需要通过评审程序。Biogen 从研发需求的提出到项目评议、项目承接以及后期的产品商业化均是由 Biogen 内部相关组织与合作方共同参与、负责的。Biogen 项目的主要资助来源是企业自身主营业务收入与合同研究组织。两个商业模式中业务活动的承担主体设计见表 4-4。

第四章 市场需求主体主导的研究型平台的商业模式构建逻辑 49

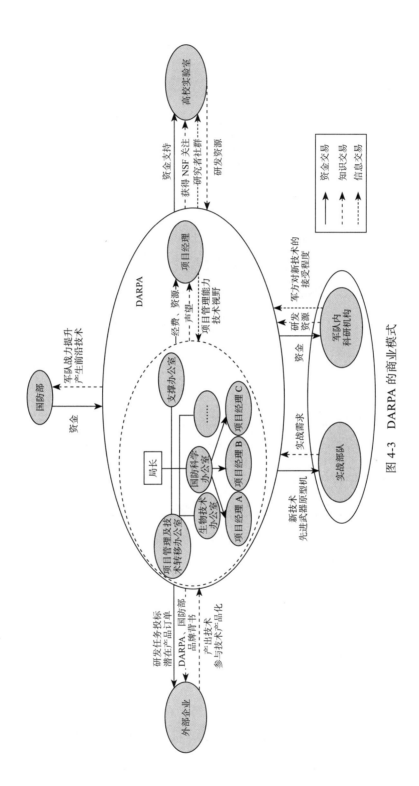

图 4-3 DARPA 的商业模式

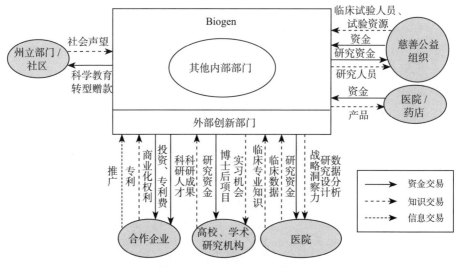

图 4-4　Biogen 的商业模式

表 4-4　两个商业模式中业务活动的承担主体设计

业务活动拆解	DARPA	Biogen
项目资助	国防部、国家科学基金会	慈善公益组织、合同研究组织
研发需求提出	军队、国防科学研究理事会	董事会
项目评议	局长、项目经理	董事会、外部创新部门
项目承接	项目经理、高校实验室、初创企业	外部创新部门，包括合作企业，高校、学术研究机构，医院
产品商业化	技术办公室主任和局长、项目经理、项目官员、军方、企业	Biogen 内部组织、合作企业

这种业务活动承担主体与承担方式的差异背后是主导的市场需求主体的差异。DARPA 作为美国国防部的预研机构，其研发是基于实际需求或战略需要开展的，并且其研究内容更多的是聚焦于颠覆性技术，为了能够更加灵活地根据需求展开业务活动，DARPA 选择的模式是独立的、带有公共性质的机构自主治理，但对其保持一定的控制权。因此，这些特殊性在 DARPA 的模式中表现为针对高风险高回报的科研项目选用项目经理制，项目经理承接项目后与 DARPA 相对独立。而 Biogen 作为一家企业，其项目的需求更多的是根据市场潜在消费者的需求提出的，其研究更多地注重开发研究和应用研究，为了保证对研发部门的控制，Biogen

更倾向于由下设部门或全资子公司来承接项目。因此，这些特殊性在Biogen的模式中体现为设置了外部创新部门，该部门作为企业内部组织与外部利益相关者的连接桥梁，与工业界、学术界和风险投资行业建立全球网络共同展开研究。

简单来说，DARPA的模式更加类似于风投，每一个项目执行过程的环境都相对自由，其最终目的是满足军方需求，而Biogen模式中的外部创新部门更像一个中介，辅助企业内部组织联络外界合作方，其最终目的是为企业创造利润与价值。

由表4-5可知，关于如何保障委员会融合学界与业界认知，DARPA的解法是招聘来自各界或者组织机构的人才担任项目经理，Biogen的解法是设立外部创新部门，与各界建立全球网络。关于如何确保成员有动力的问题，DARPA的解法是提供充足的资金支持和自由的科研环境，赋予项目经理主导权、决策权，为其开展学术研究提供背书支持。Biogen的解法是给予员工股权与职位。关于保障选题具有市场化前景的问题，DARPA的解法是将研究方向细化至数据、思路层面，由商业和专业知识兼备的人才高频次进行决策和项目管理。Biogen的解法是其自身密切关注市场需求，与合作企业共同商议，由市场主导选题。在研发资金与资源需求方面，DARPA的资源来自国防部、国家科学基金会、外部企业、高校实验室、实战部队与军队内科研机构，Biogen的资源来自企业、慈善公益组织、合同研究组织、高校、学术研究机构、医院、合作企业、州立部门/社区。在控制研发风险方面，DARPA设置阶段性目标，采用多条技术路线并行以及外包研发活动的方式，Biogen同样采用多条技术路线并行的研发模式，此外采取阶段性投资模式且与合作方共同承担研发费用和责任。关于寻找技术可产品化的具体场景的问题，DARPA为合作方提供背书支持，通过军方与企业共同合作、SBIR/STTR计划⊖等提升合作方的积极性，通过招标将主导权转交给外部利益相关者，Biogen则是其自身与合作企业共同承担这一责任。在设计投资的退出机制方面，

⊖ SBIR/STTR计划是指美国政府的"小型企业创新研究计划"，美国政府通过向小型企业提供资金和资源，支持其进行科技研发并将研究成果商业化。

DARPA 将技术转移给军方后，通过招标将成熟技术产品化这一环节的主导权交给外部利益相关者，而 Biogen 则是企业自身获得专利后获取产品上市的收益。

表 4-5　DARPA 和 Biogen 对典型问题的解法

典型问题	DARPA 解法	Biogen 解法
保障委员会融合学界与业界认知	招聘来自各界或者组织机构的人才担任项目经理	设立外部创新部门，与各界建立全球网络
确保成员有动力	提供充足的资金支持和自由的科研环境，赋予项目经理主导权、决策权，为其开展学术研究提供背书支持	给予员工股权与职位
保障选题具有市场化前景	将研究方向细化至数据、思路层面，由商业和专业知识兼备的人才高频次进行决策和项目管理	密切关注市场需求，与合作企业共同商议，由市场主导选题
研发资金与资源需求	国防部、国家科学基金会、外部企业、高校实验室、实战部队、军队内科研机构	企业、慈善公益组织、合同研究组织、高校、学术研究机构、医院、合作企业、州立部门/社区
控制研发风险	阶段性目标设置，多条技术路线并行，研发活动外包	阶段性投资，多条技术路线并行，与合作方共同承担研发费用和责任
寻找技术可产品化的具体场景	提供背书支持，军方与企业共同合作，SBIR/STTR 计划，招标，主导权转交给外部利益相关者	企业与合作企业共同承担
设计投资的退出机制	将技术转移给军方后，通过招标将成熟技术产品化这一环节的主导权交给外部利益相关者	企业获得专利后获取产品上市的收益

CHAPTER 5

第五章

行业协会主导的研究型平台的商业模式构建逻辑

众多官产学研案例中，还有一类由行业内主体形成行业协会，由行业协会统一行业标准，构建游戏规则的商业模式。与政府机构、高校和市场需求主体主导的商业模式不同，行业协会本身并不承担研发或市场化中的任何一环，也并不像第二章所提及的，政府主导的商业模式一般以资金支持或信息发布平台的方式连接产业界和学术界，帮助技术跨越产业化鸿沟，而是通过构建行业协会的方式，使各研发主体的技术在同一标准下减少摩擦，相互兼容，为行业创造更大的价值空间。

基于第一章所定义的主体与活动，本章从行业协会作为共生体的主导入手，针对不同研发主体之间存在的研发目标重复等问题，提出了行业协会主导的衍生共生体的基本形式，并讨论此类共生体下解决的关键问题和商业模式设计要点。最后，以国际移动通信标准化组织第三代合作伙伴计划（3GPP）及英特尔构建的英特尔架构实验室（IAL）的模式实践作为此共生体下的典型模式设计，说明行业协会主导的商业模式是如何对产学研发展产生推动作用的。

第一节 行业协会主导的衍生共生体

考虑官产学研的底层业务活动流程，行业协会主要聚焦在上游研究选题的环节，可以使不同研发主体之间通过制定标准协调各方的利益诉求，使商业化过程中企业之间的产品能够实现兼容和互补的效果。因此，由行业协会主导的衍生共生体的核心业务活动流程在于组建委员会、调整研究选题并制定标准（提出研究选题）以及商业化三个环节，而研发执行和产业转化由提出技术的企业承担。此共生体的关键角色是行业协会，行业协会的成员组成一般是研发同类技术或上下游的利益相关者。由行业协会成员共同制定技术标准后，除了提出新技术的企业需要基于该标准进行研发和转化外，行业协会中同类技术的研发企业也需要在相同标准下进行产品研发，而上下游企业则可以依据此标准为不同研发主体提供零部件、软件或组件以及渠道等支持。

行业协会主导的衍生共生体如图 5-1 所示，典型生态系统如图 5-2 所示。

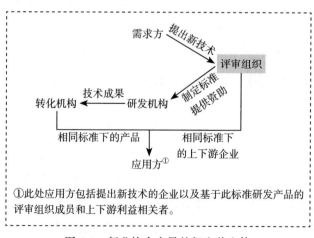

图 5-1 行业协会主导的衍生共生体

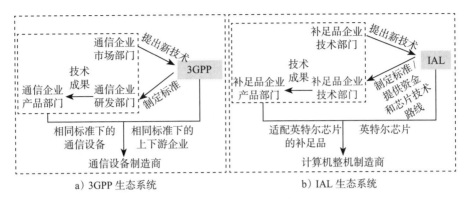

图 5-2 典型生态系统

具体到生态系统中，3GPP 和 IAL 展示了两种不同的行业协会构建方式带来的细微区别。通信企业一般具备从基础研究到开发研究全过程的能力，故由通信企业牵头形成的行业协会 3GPP 在该共生体中承担多项角色，同时作为需求方、研发机构和转化机构。3GPP 在研发选题阶段作为委员会通过制定技术的规范和标准来协调各方需求，使产业内同类竞争主体或上下游相关主体作为提供产品的应用方为用户带来更大的价值。而 IAL 是由以单一企业为核心形成的行业协会，其成立的基本目的是促进补足品发展，扩大市场范围，从而推动主业芯片的市场地位和销量。因此，IAL 主要面向的是补足品市场，IAL 基于自身芯片制定不同补足品企业接入 IAL 生态的接口标准，并通过筛选合适的研发主题，以提供技术支持的方式承担评审组织的活动。另外，由于补足品企业相比英特尔实力较小，往往无法完成从基础研究到开发研究的全流程，因此英特尔也会提供技术人员和资金上的支持，推动新技术的发展。

行业协会主导的衍生共生体特征见表 5-1。

表 5-1 行业协会主导的衍生共生体特征

	主导主体目的	使行业内各主体研究成果相互协调
主导主体层面	主导主体聚焦的技术阶段	应用研究、开发研究
	主导主体的共生体角色承担	评审组织、应用方
	主导主体的业务活动流程分工	制定行业标准
	主导主体的资源能力	集合行业成员构建沟通平台

	(续)
整体共生体层面	共生体的主导角色	评审组织
	共生体的参与角色	研发机构、评审组织、应用方
	共生体中的共性、核心交易结构	由行业协会制定标准，规范产品设计与上下游间产品供应

行业协会主导的衍生共生体与政府机构、高校、市场需求主体主导的共生体的最显著区别，就是行业协会作为主导主体，本身角色具有两重性。一方面，行业协会作为某行业中利益相关者的集合体，其存在使得研发业务流程中的"组建委员会"这一活动完成，从而在会员企业希望研究新技术、开发新的技术路线时，行业协会的其他成员作为评审组织这一角色，起到判断技术可行性、制定行业标准的作用。另一方面，行业内其他利益相关方作为评审组织的成员，意味着这些主体同样具有作为需求方、研发机构和转化机构的能力。当这些主体参与同类技术或互补技术的研发时，也必须基于此前自己指定和认同的行业标准。除了最初提出新技术的企业外，行业协会的其他企业也必须遵循相同的规则，使自身产品与其他竞争产品共用一套标准，使产品之间的交流互通以及用户在不同产品之间的切换变得更加容易，与互补产品之间也能彼此促进，提高消费者的使用体验。表面上看，这样的结构是行业协会成员"既当裁判员，又当运动员"的矛盾，但实际上是将同类企业在产品销售时的耗散提前到研发选题阶段，在研发选题阶段就达成行业内的共识。提出新研发选题的主体与行业协会中的主体一同构成了产学研业务活动流程中的应用方，共同向用户推出相互兼容，甚至相互提高使用体验的产品。行业协会主导的商业模式主要适用于以下两种场景：

第一种情况是行业内各主体已经具有确定选题、研究开发、产品转化的能力，放任各主体自由开发会导致各主体为了谋求自身最大利益，同类产品之间相互隔绝。这样的结果是上下游不得不适配数量繁多的产品，生产成本提高。同时，使用不同产品的用户之间难以协同，导致用户体验下降，从而影响整个行业的价值创造。因此，行业协会通过制定标准统一了价值链中同一环节的输入和输出。另外，对于一些特殊行业，例如通信等涉及国家安全和国际交流的行业，一国企业必须掌握全链条关键技术，尽量避免使用他国技术。但技术的不互通又会导致交流受阻，因此行业协会起到了使技术在一定程度上相互沟通，制定标准的作用。

第二种情况是核心零部件企业已经占据了行业垄断地位，该企业希望继续提高市场占有率，因此需要联合其他补足品，建立以焦点企业为核心的生态，以提高整体产品的用户体验，从而扩大市场规模。用户对于组合品（如计算机、手机等电子产品）的体验往往在于组合品整体，而非其中的某一单独元件。占据垄断地位的企业往往获得了组合品的大部分利润（计算机、手机中的芯片，汽车的发动机），它们非常希望其他补足品能快速发展。因此，作为核心企业通过输出接口标准，以资金、技术支持的方式扶持合作伙伴，不仅使合作伙伴快速发展，也使组合品价值提高，从而提高焦点企业的利润。

第二节 行业协会主导的研究型平台的商业模式设计

在官产学研体系中，由行业协会主导的商业模式一般并不会帮助企业或高校完成技术的研发与产品化，也并不会直接参与商业化。行业协会是通过联合相同或相似价值链环节的角色，由会员企业组建委员会的方式，以标准规范企业向上下游输出的需求和向用户提供的产品，从而降低产品之间不兼容的摩擦，或者通过产品组合的方式，实现相互功能的互补和价值空间的扩展。行业中的会员企业本身就具备足够的技术能力承担研发执行、产业转化和商业化三大活动环节的工作。因此，共生体中行业协会参与的活动环节有组建委员会、提出研究选题和商业化。表5-2总结了在会员企业研发转化能力较强的背景下，行业协会参与的三个活动环节所需要解决的关键问题。

表 5-2 活动环节对应的关键问题

活动环节	关键问题
组建委员会（项目评议）	如何吸引行业内及上下游企业加入委员会体系
提出研究选题	（1）如何使企业主动在研发阶段就向行业协会公开选题 （2）如何解决不同企业技术路线冲突问题
商业化（市场化）	如何避免产品冲突导致用户体验下降，市场缩小

在行业协会形成阶段，首先需要对主体加入的激励机制进行设计，市场势力较小的企业为了对抗强势企业的专利壁垒需要考虑企业之间话语权的分配；市场势力较大的企业为了集合产业内各相关方需要考虑如何设计激励机制使小企业愿意在技术研发初期就将成果与大企业分享。协会内技术路线的协调则需要对各成员的诉求设计协调和讨论机制，尽可能满足会员企业的诉求，并有利于其他会员企业基于制定的标准进行产品开发。会员企业之间可能涉及的专利授权和使用也可以在制定标准时进行讨论。在后续产品输出阶段，会员企业之间的产品可以在此前制定的技术标准下实现相互兼容。

关键问题对应的商业模式设计要点与解法示例见表 5-3。

表 5-3　关键问题对应的商业模式设计要点与解法示例

关键问题	商业模式设计要点	解法示例
行业内及上下游企业加入委员会体系	主体加入的激励机制设计	由强势的企业建立协会，为市场势力较小的企业提供资金、技术支持 小企业联合建立协会
主动在研发阶段就向行业协会公开选题		协会帮助完成可行性和发展方向研究 协会对有前景的项目提供支持
不同企业技术路线协调	成员发表诉求的协调机制 利益分配的交易结构设计	设计讨论技术路线的机制，平衡大企业和小企业的话语权

综上所述，行业协会主导的商业模式虽然只涉及了产学研转化关键步骤中的三个环节，却通过协调技术开发者和其他承担相似业务活动的主体之间的关系，从行业视角扩大了生态系统的价值空间，避免了标准林立，各企业零和博弈的情况，更适用于企业主体商业化能力较强但缺乏统一领导的情况。

第三节　典型案例

5G 标准的制定机构 3GPP 是一个由通信企业牵头组织的行业协会。3GPP 的主要成员包括各国的通信标准制定组织、网络运营商、终端制造商、芯片设计商等。在 3GPP 正式成为行业内被广泛认可的行业协会以前，行业呈现标准林立的情况。不同企业通过为自身的技术制定相应的标准，为技术争取最大的获利空间，但这也导致了不同标准的技术应用协议不同，各个设备商与制造商的产品难以互相通信，跨区域、跨国家的应用效率低下。3GPP 商业模式如图 5-3 所示。

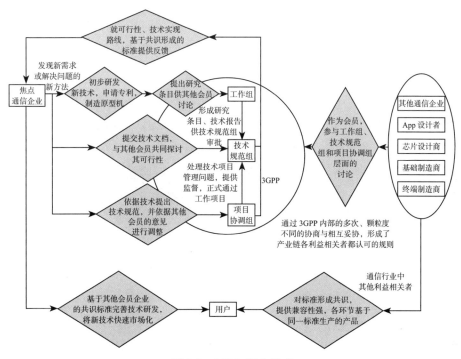

图 5-3　3GPP 商业模式

　　3GPP 的出现，起初是为了联合市场中非主导企业的技术制定标准，避免出现主导企业一家独大、收取高额专利使用费的情况。随着其成员不断增加，3GPP 逐渐形成了现在的工作模式：希望研发新技术的会员企业在技术选题阶段提交提案至 3GPP，3GPP 通过工作组、技术规范组、项目协调组三级委员会的形式，对专利可行性、技术规范和技术标准进行讨论。在委员会内部讨论的过程，实际上是研发企业与其他会员企业对于技术定义、研发边界、适用范围等要素的讨论与相互妥协的过程，企业在后续的研发过程中也需要遵循 3GPP 技术标准的约束，以使其产品能在 3GPP 的技术规范体系下实现与现有产品和未来新产品的通信与互联。

英特尔公司内部组建的实验室/部门——英特尔架构实验室（IAL），则是典型的由行业核心企业牵头组建的行业协会。构建 IAL 的原因是，英特尔公司发现，如果英特尔在计算机价值链中的角色仅停留于芯片提供商，用户往往无法体会英特尔公司产生的价值。用户的直接体验在于计算机输出端，如硬件设备、接口、相关软件等。由于用户最终获得的是计算机整体，因此英特尔为用户创造的价值受限于产品组合中其他补足品的发展。

因此，英特尔内部设立了英特尔架构实验室，其使命是发现与英特尔主业芯片相互补充的补足品企业。由于芯片迭代周期较快，如果到芯片发布时再研发相关的配套产品，则无法赶上芯片性能的提高，不能完全利用芯片性能。英特尔提出由其牵头建立行业协会，共同制定计算机总线（如 PCI）或关键外部接口（如 USB）的标准。英特尔主动放弃了与制定标准相关的专利费用，并要求会员企业公开相关专利，希望吸引更多的外部企业共同参与标准制定。IAL 的主要活动形式是公共论坛和一致性专题研究小组，召集所有有兴趣加入 IAL 体系的外部企业，形成以英特尔芯片为中心设计的计算机整机体系。除了建立行业协会制定技术标准外，对于时间长、投资高、风险大的补足品技术研究领域，IAL 还会为企业提供资金支持和研发人员支持，以推动补足品行业的发展。

可以发现，在相同的共生体下，由焦点企业牵头形成以及行业内自发形成的商业模式有着明显的区别。行业内自发形成的 3GPP，其成立背景是产学研主体众多但主体之间缺乏协调，各方势力接近，3GPP 建立了企业之间沟通的平台。IAL 出现的原因是价值链中某一环节发展快于其他环节，该环节产生的价值无法得到充分实现。为了提高整个产业的价值空间，需要由该企业牵头，基于自身产品建立技术标准，推动价值链中其他环节适应技术标准，并帮助其发展。正是由于行业内各主体的市场地位存在差异，3GPP 与 IAL 在组建委员会环节上的主体不同，在后续的产业转化和商业化阶段，IAL 通过项目资助帮助协会内其他企业研发新技术，并将其与英特尔芯片作为整体销售。

3GPP 与 IAL 业务活动的承担主体设计见表 5-4。

表 5-4　3GPP 与 IAL 业务活动的承担主体设计

底层业务活动流程	业务活动拆解	3GPP	IAL
组建委员会	项目评议	各大会员企业	IAL
提出研究选题	研发需求提出	研究主体企业	补足品企业
研发执行	项目承接	不涉及	补足品企业
	项目资助		IAL 与补足品企业
产业转化	项目转化		IAL 与补足品企业
商业化	产品商业化	各大会员企业	IAL 与补足品企业

3GPP 与 IAL 的主要区别在于委员会的建立方式和目的。同样是标准制定机构，3GPP 侧重于平衡各方利益诉求，着重于研究选题、可行性讨论和标准制定三个阶段都经过工作组的讨论，吸收各成员的意见。在 IAL 的模式中，芯片是计算机整机的关键环节，是其他补足品的中间处理平台，这一特殊性质使得其他补足品本身就不得不适应英特尔的新款产品。IAL 通过将自身研发中芯片的部分信息提供给外部企业，使外部企业具有选择技术路线的能力以获得竞争优势。因此，IAL 中的标准制定并不是行业协会内不同研发主体之间的妥协，而是 IAL 以自身势力推动不同主体在 IAL 平台上实现技术交流，从而推动补足品技术发展。补足品企业主动加入 IAL 体系，是希望获得英特尔的支持，能将自身的资源应用于新一代英特尔芯片平台上。此外，在实践中，IAL 也起到了推动规模较小的补足品制造商研究时间长、收益高、风险大的项目的作用。当然，以英特尔为核心的行业协会，也会出现英特尔自身业务部门与 IAL 扶持的补足品业务部门涉足相同业务领域，导致 IAL 无法维持中立地位，而与补足品进行竞争，这样的情况会削弱 IAL 作为行业协会的中立地位。

3GPP 与 IAL 的对应解法见表 5-5。

表 5-5　3GPP 与 IAL 的对应解法

问题	3GPP 解法	IAL 解法
行业内及上下游企业加入委员会体系	首先联合市场势力较小的企业，对抗大企业制定的技术标准，形成市场势力，大企业随后加入	大企业牵头，为小企业提供技术支持以及提前获得大企业研发路线的机会
主动在研发阶段就向行业协会公开选题	形成行业共识，新技术必须要经过 3GPP 制定标准和行业讨论才能被行业认可	向 IAL 公开后才能获得英特尔的技术和资金支持

(续)

问题	3GPP 解法	IAL 解法
不同企业技术路线协调	企业在可行性研究、技术标准制定的过程中争取自身利益,以制定标准的形式协调发展路线	由 IAL 统筹不同企业的技术发展,避免路线冲突
输出产品之间相互协调	输出通信技术标准,所有产品基于此标准设计	以英特尔新芯片为核心,英特尔提供技术接口,参与 IAL 的企业匹配英特尔芯片,并在英特尔的指导下制定标准

CHAPTER 6

第六章

I/UCRC
——产业 – 大学合作研究中心

第一节 I/UCRC 商业模式简介

产业 – 大学合作研究中心（I/UCRC）是由美国国家科学基金会（NSF）发起的，以大学为基地，政府资助、行业参与的一种官产学研合作科研创新联盟。NSF 旨在通过投资，促进官产学研合作的发展，提升美国的工业竞争力。

I/UCRC 始建于 20 世纪 70 年代，最初是 NSF 发起的实验室研发创新项目的一部分。通过此项目，麻省理工学院（MIT）的工业聚合物处理中心脱颖而出，显现了盈利能力和持续吸引工业企业支持的能力。MIT 模式的成功使得 I/UCRC 在美国快速推广，NSF 也开始为 I/UCRC 建立制度性的模式。I/UCRC 持续到现在，已经成为美国最大的官产学研合作研究项目，在科研技术转化、促进产学研结合、培育工业人才等方面依然发挥着重要的作用。2022 年，正在接受资助的 I/UCRC 超过 80 个，涉及超过 120 家大学和 700 个会员企业，2010—2020 年培养学生约 7200 人。

I/UCRC 总研发资金达到 7980 万美元，而其中 NSF 投资的金额占比不超过四分之一。NSF 是如何通过如此小的投入，撬动大量的外部资金投入，吸引企业参与 I/UCRC 的建设并成为其会员的呢？我们认为其秘诀在于 NSF 为 I/UCRC 中心设计的良好的商业模式。下面将从 I/UCRC 商业模式的发展阶段、运营方法和交易结构对其商业模式进行介绍。

发展阶段

根据 I/UCRC 商业模式中 NSF 的参与程度，可以将其运营分为孕育期、发展期、成熟期。

1. 孕育期

I/UCRC 孕育期商业模式如图 6-1 所示。

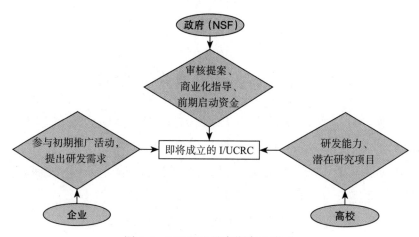

图 6-1 I/UCRC 孕育期商业模式

在孕育期，NSF 发布新的 I/UCRC 项目规划后，高校教授向 NSF 提交提案，申请加入中心并在内部设置研究站点。提案内容主要包括项目对行业发展的可能推动、潜在研究重点领域、对周边区域的贡献等，重点强调项目的发展前景而非商业化潜力。收到提案后，NSF 项目部会构建评议小组，成员包括科学家、工程师、教授、项目官员等，采用同行评议的方式，对提案的发展前景、与行业的关系以及市场推广策略等方面进行评估。评估合格的项目将通过项目主管推荐至拨款与协议部，以确定项目的资助额度等资金细节。

项目得到初步通过后，不会直接成立新的中心，而是需要经过 12 个月的规划拨款期。在规划拨款期中，教授需要对申请时提交的提案进行完善，补充内容包括：①中心的人员组成；②即将加入的会员以及会员制度设计；③行业参与计划；④具体运营、财务预算；⑤脱离 NSF 资助后可持续发展的模式。在此阶段，NSF 将会给予教授与高校商业化的建议，以更好地完善提案。另外，新的项目可利用 NSF 与行业的良好关系，参与行业相关会议并在 NSF 官网上宣传项目提案，以获得潜在的第一批会员企业。此外，NSF 也会为提案提供一定的资金资助，以帮助项目完成一定的前期宣传并推动研究，获得初步的研究成果。

2. 发展期

I/UCRC 发展期商业模式如图 6-2 所示。

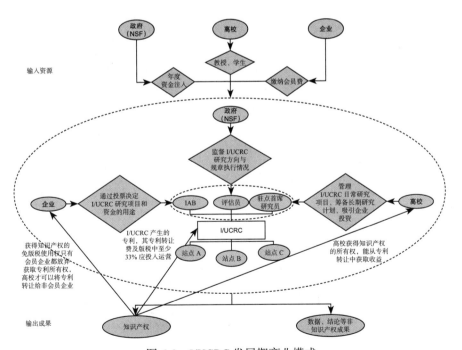

图 6-2　I/UCRC 发展期商业模式

当一个新的 I/UCRC 度过了孕育期，形成长期的发展规划并建立一定的行业关系后，进入 NSF 长期资助的发展期。NSF 的资助分 I 期与 II 期，均为期 5 年，其中 I 期每年资助 25 万美元，II 期视 I/UCRC 参加的项目，每年资助 10 万～15 万美元。I/UCRC 必须满足 NSF 设定的要求才可持续获得资助。具体要求包括：①要求 I/UCRC 平均每个站点每年获得 20 万美元的会员费收入，至少 4 个全额会员；②在整体规划发展上接受 NSF 的约束，符合提案规定；③用于研究用资金比例必须超过 90% 等。

NSF 对 I/UCRC 的监管及评价，主要通过常驻 I/UCRC 的评估员和中心向 NSF 的年度汇报会议进行。其中，评估员监督 I/UCRC 研究方向，审核 I/UCRC 研发情况，并建立协同机制收集全国范围内 I/UCRC 的基础数据和信息。在年度会议上，I/UCRC 则需要汇报研究成果（专利、论文等）。当两期资助期结束后，NSF 退出对 I/UCRC 的常态化资助，I/UCRC 发展进入下一阶段。另外，大学推举出的站点主任也会成为 NSF 资助的首席研究员，与评估员一同向 NSF 汇报。

3. 成熟期

I/UCRC 成熟期商业模式如图 6-3 所示。

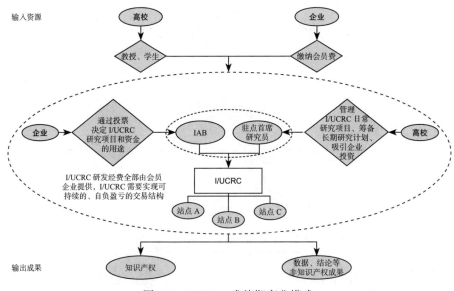

图 6-3　I/UCRC 成熟期商业模式

当 NSF 两期资助结束后，I/UCRC 进入成熟期。成熟期维持 I/UCRC 运营的绝大部分资金来自会员企业，少部分来自高校和 NSF 基于项目研究的支持性资金。以无纺布研究中心为例，其 98% 以上的运营资金来自私人企业，实现了自负盈亏。I/UCRC 经过 NSF 前两期的资助，与企业建立了良好的关系，并获得了商业化的成果和经验，通过与企业持续合作，实现了产学研深度融合。

运营方法

I/UCRC 从产生提案到建立成熟的能以产业会员费自负盈亏的实验中心的过程中，NSF 全程作为监管者与模式设计者，保证 I/UCRC 的研究质量与资金的利用效率。在项目审批阶段，由于高校教授提出的提案在商业层面还有所欠缺，因此 NSF 的审查主要在于项目本身的学术前景与可能存在的商业发展潜力，而将具体的商业推广移到之后的提案完善期。在 12 个月的提案完善期中，NSF 提供小部分资金以推动项目产出成果，并利用其商业经验与运营中心的经验，帮助教授以企业视角呈现其发展潜力。因此，该阶段提案的商业元素，与企业、其他利益相关者之间的具体关系，I/UCRC 具体运营流程等，在 NSF 的指导下更加完善。

当 I/UCRC 建立之后，NSF 需要监督 I/UCRC 是否按照之前所设计的提案执行，是否按照 I/UCRC 商业模式设计中的与利益相关者的交易结构运行，并监督资金是否得到合规使用。因此，NSF 派驻评估员常驻 I/UCRC，并通过 I/UCRC 的年度报告，保证 I/UCRC 发展的路径正确。通过对 I/UCRC 多阶段、不同形式的监督，I/UCRC 商业模式才能在不同的项目中采取合适的方式运营。

NSF 在各阶段对 I/UCRC 的监管内容见表 6-1。

表 6-1　NSF 在各阶段对 I/UCRC 的监管内容

I/UCRC 发展阶段	监管内容
孕育期（提案审查阶段）	上交的初步提案需要包括： ① I/UCRC 发展的使命 ② 对大学研究方向的推动作用

(续)

I/UCRC 发展阶段	监管内容
孕育期（提案审查阶段）	③对所在地区经济发展的推动作用 ④该站点的潜在研究重点领域清单以及计划的合作关系 ⑤成员名单与成员资料
孕育期（提案完善阶段,12 个月）	在初步提案的基础上增加： ①说明考虑加入该 I/UCRC 的准会员，以及建议的会员计划和定价结构 ②设计客户发现计划，行业招聘和保留计划，以使行业成员多样，包括公司、初创企业、非营利组织、政府机构等 ③设计使行业成员积极参与正在进行的 I/UCRC 活动的计划 ④讨论与潜在会员、学术合作伙伴和公众接触的交流策略 ⑤讨论与 I/UCRC 相关的管理计划、组织结构、操作程序、财务计划和风险管理 ⑥实现自我可持续发展的策略 ⑦I/UCRC 暂时取得的成果
发展期（5～10 年）	派驻研究员监督 I/UCRC 研究方向，年度审核 I/UCRC 研发情况，并建立协同机制收集全国范围内 I/UCRC 的基础数据和信息 通过年度会议了解 I/UCRC 发展方向与 I/UCRC 运营状况
成熟期	评估员退出 I/UCRC，I/UCRC 依据提案设计的可持续发展战略进行运营 NSF 可与 I/UCRC 进行研发方面的合作，在此阶段 NSF 的角色与会员企业相同

参与 I/UCRC 运营的不只有 NSF，高校、会员企业作为提供重要资源能力的利益相关者，对 I/UCRC 也有不同方面的管理能力。会员企业在缴纳会员费成为会员后，能通过工业代表的形式参与工业顾问委员会（IAB），通过投票权影响 I/UCRC 的发展。工业顾问委员会的职责是：①评估和批准 I/UCRC 的研究领域，以符合会员企业的需要；②批准 I/UCRC 的事务操作程序；③拥有资金使用数额和方向的决定权等。I/UCRC 每半年需要召开一次会议，在会议开始前将会向 IAB 成员发布 I/UCRC 半年内完成项目的资料和资金使用情况，并在会上向 IAB 介绍 I/UCRC 目前的成果以及接下来可能发展的 10 个提案，最终通过投票决定需要发展的项目以及负责项目的研究人员。

高校作为人力资源、智力资源的提供者，主要通过驻点首席研究员（PI）对 I/UCRC 进行管理。驻点首席研究员一般为教授，职责是向研究站点所在大学报告，并听从 I/UCRC 主任和工业顾问委员会的指示；筹备 I/UCRC 的长期研究计划；吸引企业投资等。涉及重大政策性问题，仅由 PI 无法解决时，则通过学术顾问委员会（AAB）进行会议商议。AAB 的成员包括高校校长、院系主任等，主要负责处理版权、专利等政策性问题。

IAB、驻点首席研究员、评估员三方对 I/UCRC 的监督和评估，最终汇总到 I/UCRC 主任处，对 I/UCRC 的运行产生影响。I/UCRC 主任是 I/UCRC 的领导者，负责 I/UCRC 的全面工作和统筹。I/UCRC 主任为站点的首席研究员，其任命需要接受 NSF 的审核。

交易结构

I/UCRC 商业模式包括高校、NSF、企业三方利益相关者，三方利益诉求有别，参与交易的核心资源能力各不相同。下面将从资源能力投入和产出分配两个方面对 I/UCRC 商业模式中的交易结构进行分析。

资源能力投入

在 I/UCRC 商业模式中，高校投入的核心资源能力是教授、学生等智力资源，以及研究设备、研究项目等资源；企业投入的是资金、商业经验；而 NSF 投入的是制度设计，前期资本投入、监管资源，以及与企业、高校之间的关系资源。

高校的人力资源投入是维持 I/UCRC 持续运行、产出成果、吸引企业的关键。NSF 对每个站点的要求是必须要有一名教授或终身教授作为首席研究员，一般一个站点的规模在 5～10 人。

企业投入资金和商业经验的主要形式是购买会员资格以及加入工业顾问委员会行使投票权。最常见的会员资格为 5 万美元/年的普通会员，普通会员可以获得中心的研究成果以及在工业顾问委员会的投票权。会员权利可以重复购买，但单个企业的投票权不能超过两票。对于规模较小的初创型企业，符合要求的可以购买半额会员等更低规格的会员资格。但站点个性化设计的会员资格必须要得到 NSF 的批准。

NSF 对 I/UCRC 的投入可以分为人员和资金两个方面。资金方面，

NSF 在孕育期为提案提供 1 万美元左右的拨款，并在 I/UCRC 成立后提供两期的资助。NSF 通过提供初期资本投入承担了项目无法实现商业化或无法产出成果的风险，帮助高校提案度过发展的"死亡之谷"。人员方面，在提案审批和项目孕育阶段，NSF 建立了专业的评估团队，为高校提供商业化的知识以及与企业的关系网。I/UCRC 建立后，NSF 对 I/UCRC 的框架进行设计，派驻评估员汇报 I/UCRC 状况，以及收集企业、高校两方诉求以维持交易的稳定。

产出分配

I/UCRC 商业模式的产出分配秉承研发单位获得知识产权，会员单位免费使用并可优先购买的原则。根据《拜杜法案》[一]，虽然大学研究的项目由政府资助，但产出的专利如果由大学申请，则专利由大学所有。大学只需要承担声明受资助的义务，报告实施情况的义务，将收益分配给发明人和用于科研、教育的义务。在 I/UCRC 商业模式中，I/UCRC 产出的知识产权由参与研究的大学所有。会员企业通过缴纳会员费，能对研究产出的知识产权进行无版税的使用。如果企业希望获得独有的专利使用权，可以向知识产权所有方——高校购买版权。只有当所有会员企业都放弃知识产权的所有权，高校才可以将版权转让给非会员企业。通过对利益分配的设计，即使是那些可能不能通过版权竞争购买知识产权的规模较小的企业，也可以通过 I/UCRC 获得无版税的使用权利。版权优先由会员购买这一设计，也保证了会员资格的价值。另外，在研究中获得的数据、非专利成果也会通过半年会议向所有 IAB 成员平等地公开。

NSF 为专利转让也设计了相应的模式，以通过专利转让获取更多的费用支持 I/UCRC 的持续运营。I/UCRC 章程规定，在 I/UCRC 产出的专利所收取的特许权使用费和费用，除产生的费用外，将根据大学的特许权使用费分配政策进行分配（如分配到院系、教授个人、实验室等），但至少 33% 的份额应计入 I/UCRC 运营账户，以保证 I/UCRC 的持续运行。如果 I/UCRC 无法继续运营，则 I/UCRC 运营账户中的剩余基金将会转入

[一] 《拜杜法案》由美国国会参议员提出，1980 年由国会通过，后被纳入美国法典第 35 编（《专利法》）第 18 章，规范了联邦资助专利发明有关事项。

与 I/UCRC 相关的大学中,以支持大学研发。另外,根据《拜杜法案》,I/UCRC 产出的任何专利、论文都必须履行声明 NSF 资助的义务,并且优先用于发展美国产业。由此,NSF 通过产出分配机制的设计,将产出进一步投入支持 I/UCRC 的发展之中,并通过论文冠名、专利转让达到了支持美国官产学研结合发展的目的。大学借助 NSF 的资助,将原本难以或无法启动进行商业化或寻找到商业伙伴的项目进行进一步研究发展,对高校的产学研研究、资金、声誉起到了促进作用。

第二节　I/UCRC 商业模式的价值空间

NSF 的初期筛选提高了研发成功率

在 I/UCRC 商业模式中,在提案提交阶段,NSF 的初选就淘汰了大部分商业潜力不高或者产出成果困难的项目,保证了 I/UCRC 的质量,降低了项目失败的风险。随后的规划拨款期也能帮助高校进行项目的初始研发,并依据企业的可能诉求进行方向的调整。如果项目无法取得预期的发展,则在孕育期后无法提交符合 NSF 要求的提案,同样达到了筛选高质量项目的目的。

在传统模式中,企业需要的交易标的是风险较低、较为成熟的技术。由于作为资金提供方的企业对高校提供的项目的商业化前景难以做出准确的判断,即使经过高校初步筛选,项目的商业化进程也有着较大的风险,研发成功率不高。除了可能存在的资金问题以外,高校教授也缺乏将科研项目商业化的专业能力。I/UCRC 商业模式中引入了 NSF 这一利益相关者,起到承担早期风险的作用,利用企业所没有的筛选项目的经验和能力进行筛选,并为高校提供少量的资金资助,获得对项目发展方向的整体把控能力。NSF 本身作为带有政府性质的机构,相比于高校和企业的抗风险能力更强,更适合扮演项目发掘和前期培育的角色。另外,NSF 与高校关系紧密,即使项目无法实现商业化,资金的使用也达到了促进高校研发水平提高的作用,达成了参与这一模式的利益诉求。因此,

NSF 在前期通过承担重构传统官产学研模式，承担项目筛选和初期培育这一分工，利用自身的抗风险能力和项目识别能力使研发成功率得到了提高。

会员制引入更多利益相关者，降低研发门槛，单个主体投入规模减小

I/UCRC 商业模式中，企业通过会员制参与 I/UCRC 的研发，使得多个会员企业共同为 I/UCRC 提供研究经费，在保证项目研发经费的同时降低了单个企业参与研发活动的门槛，从而吸引更多的利益相关方进入 I/UCRC 商业模式，实现正向循环。在传统官产学研合作模式中，中小企业往往没有足够的资金支持与大学进行合作。因此，除了少部分大型企业外，绝大部分企业由于资金的限制，与高校的合作也仅能停留在单个项目上，难以达成与高校前沿实验室长期稳定的大规模合作。

NSF 在构建 I/UCRC 之初，就希望其成为地区企业发展的助推器，惠及包括非营利组织、初创企业、成熟企业等各类主体。因此，I/UCRC 为企业参与设置了会员制的模式，资金充裕的大中型企业可以购买全额会员，获取在工业顾问委员会中更大的影响力；对于不愿意投入过多资金，对 I/UCRC 发展持观望态度的企业可以购买半额会员，会员费较全额会员更低，也能进入工业顾问委员会，参与 I/UCRC 的决策；而对于初创企业和非营利组织，在经过 NSF 审核后，I/UCRC 可以设置观察者会员资格，只需支付较低的会费（一般低于 5000 美元／年），获取 I/UCRC 的研究数据成果，并获得与高校教授会面的机会。通过会员制的形式，I/UCRC 获取了数量可观的会员企业，不仅极大地丰富了研发资金池，还提高了行业影响力。同时，会员制带来的杠杆效应降低了项目失败带来的风险，帮助会员企业撬动了更大的资源能力。以 2018 年的数据为例，会员企业缴纳会费资金的杠杆率高达 1∶31，即每投入的 1 美元会员费撬动了 I/UCRC 31 美元的研究资源，相比于传统的企业直接赞助学校模式，投入规模大大减小。

会员制模式降低了研发门槛的同时，也带来了会员之间如何高效进行决策、成果在会员间如何分配等交易风险。如果对这一问题没有进行妥善的模式设计，则会产生额外的沟通成本。因此，NSF 通过在会员协议中对会员权力的行使及知识产权的分配做了明确的划分，避免了以上的潜在风险。在管理方面，正式会员企业通过缴纳会员费成为工业顾问委员会成员，通过投票的形式进行共同决策，同时通过对投票数上限的设置避免了中心被投入较大的公司控制的情况。在成果分配方面，只有正式会员才拥有免许可费使用的权利，而非正式会员只能获取论文类型的成果；若某会员企业需要获得独有的成果使用权利，则需会员企业与学校协商买断，并通知 IAB 其他成员。会员之间交易细节的设置使会员制得以成为 I/UCRC 引入更多合作伙伴，帮助初创企业发展并扩展 I/UCRC 商业视角的重要模式。

多方共同管理使交易成本下降，投入产出效率提升

在 I/UCRC 商业模式中，高校、会员、NSF 三方都建立了参与管理的机构，各自发挥自身资源能力，降低模式交易成本，投入产出效率提升。作为项目提出者，拥有研发能力的高校，主要通过驻点首席研究员（PI）管理站点的长期规划与企业吸引方案。对于 I/UCRC 政策性问题，高校的校长和院长也能通过学术顾问委员会参与决策。作为主要出资者的企业一方，对于资金的利用有着明确的需求，主要通过 IAB 获取研究成果，并从高校提出的项目中选取合适、有商业前景的发展项目。作为 I/UCRC 的组织者，NSF 从项目萌芽阶段就通过常驻 I/UCRC 的评估员监督 I/UCRC 按照 NSF 审批通过的提案发展。

这样的管理体制利用了三方参与交易结构的核心资源能力，并降低了由一方管理或设置专门管理机构的交易成本。参与交易的利益相关者数目越多，利益相关者之间的交易内容往往越复杂，沟通成本也越高，造成交易成本提高。以咨询这一形式为例，企业联系教授，提出问题，教授利用科研资源给予解决方案。但企业寻找到合适的高校和教授需要

一定的时间成本，而教授与企业的接触时间仅限于咨询服务的较短时间，大量的时间和资金成本被浪费在了企业与高校、教师的沟通中，投入产出比较低。

I/UCRC 商业模式明确了三方负责管理的部分：NSF 作为政府机构，具有较强的组织能力，并且具有成熟的中心架构，因此在项目前期尚未成型时为项目快速发展提供模式上的帮助。当 I/UCRC 正式成立，会员企业加入时，则通过常驻的评估员和年度会议进行监督，保证大方向正确，而将发展的自由度赋予 I/UCRC 与企业。企业作为资金的提供者，关注的重点在于资金能否得到有效运用，产出合适的成果，但缺少长期投入 I/UCRC 监督的人力资源，因此通过半年会议，以 IAB 的方式投票决定资金的用途和研发领域的选择。高校希望通过 I/UCRC 实现官产学研结合，并且促进研发能力的提升，而驻点首席研究员的设计则使研发的细节全权由高校进行管理。管理机制的巧妙设计使得三方都能满足自己的需求，也避免了由一方主导产生的沟通成本。NSF 规定，I/UCRC 的运营资金必须有超过 90% 投入研发中，也从侧面印证了其管理模式对投入产出效率的提升。

利益相关方目标统一使研发有效性提高

与传统的产学研合作模式相比，I/UCRC 商业模式中增加了 NSF 这一利益相关者，NSF 承担的交易内容之一是作为高校和企业的中介，匹配两者的利益诉求，提高研发的有效性。

在提案孕育期，NSF 中具有商业经验的人员会帮助教授以商业化的视角阐述其项目，承担了企业与高校协商的角色。在 I/UCRC 成立后，NSF 要求 I/UCRC 每年提供的计划需要说明吸引企业的亮点以及具体方式，设计了半年会议的具体议程，以确保通过会议企业可以了解项目进展并通过项目的选择增强研发的指向性，产出的成果对企业能起到切实有效的帮助。

在传统模式中，企业想要获得对研究内容的高度控制的交易成本比较高。由于高校内部的运营、评价机制与企业不同，企业往往难以深入大学体制中监督项目的完成情况，也无法确认投入的资源是否被完全应用到与项目相关的研究。以企业派驻研发人员参与项目的共同研发的形式为例，虽然项目的效率能够得到确认，企业研发人员可以起到监督和评价的作用，但交易成本过高，且只适用于具有内部研发部门的大型企业。教授与企业作为学术界和工业界的代表，对于从项目获得的收益也会产生一定分歧。教授希望利用此咨询项目获得研究资金，推进进一步的研究，而企业希望获得完善的解决问题的方案。

在 I/UCRC 商业模式中，由于 NSF 这一利益相关者协调功能的存在，高校的研发更加有目的性，能为企业提供更加切实的帮助。2018 年的调查显示，81.23% 的会员企业认为 I/UCRC 对企业的研发有帮助，续约的比例在 90% 左右。I/UCRC 研究的大部分项目满足会员企业需求。根据对会员企业的统计，仅有 28.25% 的研究项目与会员企业不相关，而 26.94% 的项目与企业将来可能相关，27.26% 的项目企业未来几年内可能研究，14.19% 的项目企业十分需要但由于风险过大不会自己研发，I/UCRC 的研发对企业发展十分重要。

第三节　I/UCRC 商业模式的成功案例

经过四十余年的探索与发展，有许多经过 NSF 培育的 I/UCRC 在度过了前期的孕育期和发展期后形成了由企业支持、高校参与研发的稳定官产学研结构，下文的可持续森林研究中心和风之星研究中心是其中的两个成功案例。

可持续森林研究中心

可持续森林研究中心（The Center for Research on Sustainable Forests）是缅因大学牵头，普渡大学、北卡罗来纳州立大学等学校加入，于 2007 年建立的 I/UCRC，目前处于发展期和成熟期的衔接阶段。该中心的研究涉及森林遥感监控、管理决策工具设计、森林管理、森林品类优化等与人工林相关的领域。2018 年，该中心共有 8 个研究站点，会员组织共

152 个。由于该中心主要研究领域——森林的公共品属性，会员组织中政府机构和非营利性组织较多。因此，该中心对会员制度进行了个性化设计。与 NSF 提供的会员资格模板不同，可持续森林研究中心的一级会员的会费为每年 2.5 万美元，二级会员为每年 1 万美元，以降低参与该中心研究的门槛。另外，还设有会员费更低的附属会员和观察会员。符合条件的非营利组织或初创公司可以通过购买附属会员和观察会员资格参与该中心的研究，并获取该中心的研究数据，帮助初创公司快速扩张或非营利组织提高对森林的管理效率。与一般会员有所区别的是，附属会员与观察会员不能参与工业顾问委员会的投票，也无法获得该中心研发的知识产权。

该中心独特的会员设置增加了企业参与产学研合作的机会，相比于平均 I/UCRC 每个中心 17 个会员机构的规模，可持续森林研究中心获得了超过 150 个会员企业的支持。会员企业的支持也成为该中心研发经费的重要来源，是未来实现可持续官产学研合作的关键。2019 财年，该中心共获得 510 万美元研究经费，其中会员费比例高达 75%。高效的官产学研合作还帮助高校开拓了更多研究领域，获取了更多的数据，取得了斐然的研究成果。2019 年，该中心发表了 14 篇学术论文，获得了 13 个学术奖项并得到超过 430 万美元的奖金。

风之星研究中心

风之星研究中心（Windstar Industry/University Cooperative Research Center）是由马萨诸塞大学洛威尔分校和得克萨斯州大学共同建立，专注于降低风力发电成本研究的 I/UCRC。该中心建立于 2014 年，目前处于 NSF 资助的 II 期。2019 年，该中心共有 2 个研究站点，运行研发项目 10 项，参与会员企业共 15 个，其中包括通用电气、壳牌石油等大型能源企业。大型企业的加入不但为该中心提供了资金来源，企业内部的研发人员也成了该中心研究资源的一大补充。在资金方面，该中心自成立 5 年来，累积获得近 400 万美元投资，其中会员企业占比 45%，NSF 提供的资助占 23%，大学投入占 19%，实现了对企业、NSF、大学投入的杠杆效应。由于会员制的设计，大企业和初创企业都不需要独自承担企业部分的投入，因此对于企业会员的投入，研发杠杆率为 16∶1，而对于初创企业会员的投入，杠杆率高达 48∶1。企业除了资金的投入外，研发人员也参与合作。风之星研究中心建立了长期的行业合作伙伴关系，将大学和行业研究人员召集在一起，通过学术会议和学术讨论的形式，就与风力涡轮机和风能行业发展相关的主题进行基础研究和应用研究。此外，研究人员还对学生进行了先进的技术培训，这些技术对行业成员来说很重要，并为交流、互动和协作建立了社区。

通过与企业内部研发人员的沟通，该中心对会员企业的需求更加了解，管理成本得到降低，用于研究以外的经常性开支仅占运营费用的 10%。风之星研究中心与企业进行深度的资金、人员、技术交流，也帮助中心研发取得大量成果。在 NSF Ⅰ 期资助期间，该中心共完成了 34 个项目，推出了 5 款软件，发表了 11 篇学术期刊和 24 篇会议论文，并申请了 1 个专利。

第四节　I/UCRC 商业模式的启示

I/UCRC 商业模式作为美国产学研结合的典型模式，通过引入 NSF 这一利益相关者参与模式的设计，建立了完善的管理、运营和商业模式，从而解决了传统官产学研模式中企业承担较高风险、与高校交易管理成本高昂、合作效率低下、模式稳定性不高的问题。高校也通过 I/UCRC 模式与企业建立了良好的联系，获得了研发资金与项目商业化的机会。NSF 作为模式设计者，建立了一种新的支持官产学研合作的模式：孕育期通过项目筛选，初步确定有发展潜力的项目，通过小笔资助助力前期发展，并与企业建立联系；发展期监督 I/UCRC 的运营情况，分阶段拨款，确保项目的质量并控制 I/UCRC 的发展方向，并且通过工业顾问委员会的设计使企业的诉求与研究方向相契合；成熟期通过单个项目或研发奖项保持与 I/UCRC 的连接，通过项目持续支持官产学研合作。通过 I/UCRC 商业模式，在 NSF 的资助和推动下，高校与企业实现了深度的产学研合作。

CHAPTER 7

第七章

NCRTP
——北卡罗来纳州三角产业园区

第一节 三角园区案例背景

美国北卡罗来纳州三角产业园区（North Carolina's Research Triangle Park，以下简称三角园区）是美国最大的研究园和首要的全球创新中心。它是一个成立于1959年，将研究机构、工业实验室、企业和政府结合起来，美国官产学研转化中独具特色的研究园区。三角园区占地7000英亩①，目前共拥有300余家公司，覆盖生物科技、农业技术、清洁能源等高新科技领域。三角园区的使命是促进北卡罗来纳州经济转型发展、加强三所研究型大学和企业的官产学研合作、培养高质量工业人才、引领美国高新技术工业的发展。

经过60多年的发展，三角园区的重心由最初的聚集人才、拉动经

---

① 1英亩≈4046.86m²。

济逐渐转变成了现今的引领全球高新科技产业、打造专业化分工程度极高的集群产业链。在此过程中，美国国家环境健康科学研究所、北卡罗来纳州生物技术中心等大型国家或州立研究机构在此建立；全球十大合同研究组织中有 7 家在三角园区开展业务。三角园区的管理者三角园区基金会（Research Triangle Foundation of North Carolina，以下简称基金会）在 2019 年营业额达到了 1810 万美元（同比增长 130.4%），总资产为 1.418 亿美元。

三角园区历经 60 多年依然保持快速增长势头的秘诀是什么？企业为什么会入驻园区并致力于园区研究能力的建设？园区以非营利组织为中心平台的商业模式设计是三角园区成功的关键。这种独特的商业模式通过提高产品研发成功率以及商业化效率，降低了官产学研多方的交易成本和交易风险，保证了三角园区实现高效、协调、可持续的发展。本章将介绍其商业模式演变过程，并解析每个阶段的模式亮点。

第二节　三角园区商业模式的演变

三角园区的模式发展一共可以分为：①孕育阶段，三角园区以松林公司为主尝试将高校和企业整合在园区中；②发展阶段，三角园区构建了以基金会为焦点企业的运转机制，从营利机构到非营利机构的转变大大增强了公信力，使得三角园区获得了爆发式发展的可能；③成熟阶段，三角园区为企业和高校进行了全要素匹配，使得官产学研结合能够更为紧密，从而也获得了稳定增长。

孕育阶段

三角园区孕育阶段商业模式如图 7-1 所示。

20 世纪 50 年代，北卡罗来纳州的经济不景气，人才外流严重，人均收入位于全美倒数第二，该州大部分产业为低技能、低工资的低端制造业。但是罗利 – 达勒姆地区拥有三所相互毗邻的知名大学和其他多所小型学院以及大量受过高等教育的劳动力。这种独特的资源能力被三角园区的创始者们发掘并使用，形成了三角园区的雏形。

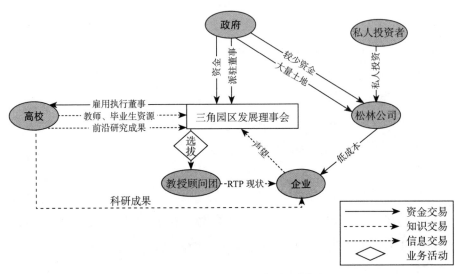

图 7-1 三角园区孕育阶段商业模式

在孕育阶段，政府主导成立了三角园区发展理事会（以下简称发展理事会）进行园区管理运营，并引入了土地交易商——松林公司进行土地买卖。政府希望三角园区以发展理事会为焦点企业进行资源整合，从而进行官产学研转化。但是因发展理事会的私有属性，高校在"与私人营利性公司合作"这一问题上存疑；同时由于发展理事会刚刚成立，高校对发展理事会的理念与工作能力产生了严重的不信任。所以，以下模式应运而生：松林公司作为中介，向政府购买低价土地，再卖给三角园区。发展理事会作为三角园区的焦点企业，由政府直接派驻董事，并由政府注入资金，以非营利性企业的身份运营。发展理事会向高校雇用执行董事，并对高校的科研人才资源和前沿研究成果进行清点，为后续校企合作打下良好基础。这样一来，发展理事会打消了高校的不信任并整合了高校零散的资源。为吸引企业并宣传推广三角园区的理念，发展理事会在北卡罗来纳大学、北卡罗来纳州立大学和杜克大学中选拔了一批颇有成绩的教授组成顾问团。教授顾问团不断走访各个企业，向其推广三角园区的理念，并介绍前沿研究成果。到1959年三角园区正式成立之前，松林公司已经以平均每英亩175美元的价格购买了4000亩⊖土地。教授顾问团也促成了额外10多项科研成果的转化，这些工作为三角园区积累了一定的声望。低价的土地为企业带来了更低的运营成本，也成为此时三角园区的竞争力之一。

在这一阶段，三角园区商业模式具有以下特点。第一，高校和企业合作尚不紧密，三角园区的平台效应尚未形成。虽然通过发展理事会整理打包的高校研究成果吸引了2家公司入驻园区并与高校展开产学研合作，但是此时的校企合作是传统的、零散的。公司与高校的合作局限在某一项或几种专业技术上，高校中的大部分研究成果尚存在于"论文"中。同时，入驻公司的数量、体量都较小，入驻企业还没有能力进行大规模的产学研转化。第二，虽然成立了非营利性组织发展理事会，但园区运营仍是政府主导，同时私人公司作为中间商与园区和政府进行交易。这种做法可以保证企业直接向松林公司购买土地是合规的，同时也可以为松林公司带来盈利。但是由于当时三角园区还处在孕育阶段，尚缺少实体，科研转化产出较少，私人投资者对购买松林公司的股票不感兴趣，导致松林公司的股东们动摇，不再愿意追加投资。此外，州立大学和州政府共同推广一个私人营利性公司，饱受北卡罗来纳州公民的质疑。为解决这些问题，北卡罗来纳州政府对三角园区的商业模式进行了第一次根本性改革。

发展阶段

三角园区发展阶段商业模式如图7-2所示。

由于三角园区孕育阶段的模式出现了严重的信任问题，因此园区决定向非营利模式转型：三角园区发展理事会改组为三角园区基金会，全权负责三角园区的运营工作，依然具有非营利属性；州政府退出对园区运营的管理，不再直接注入资金；松林公司的园区土地业务转变为非营

⊖ 1亩 ≈ 666.67m²。

利性质。在此基础上,形成了如下商业模式:基金会依然作为非营利性公司,同时松林公司与三角园区之间的交易也由资金交易转变为捐赠和转让:松林公司接受股民和私人捐赠者的投资,与政府进行土地交易,随后将土地使用权转让给基金会。这种全新的商业模式成功地使三角园区基金会正式成为公共性部门,私人营利性公司不再与园区运营机构利益相关。从 1958 年 6 月到 1959 年 1 月,基金会总共筹得资金 142.5 万美元(按照 2020 年购买力平价折算约合 5399.5 万元人民币⊖)。这为三角园区的增长奠定了丰厚的资金基础。

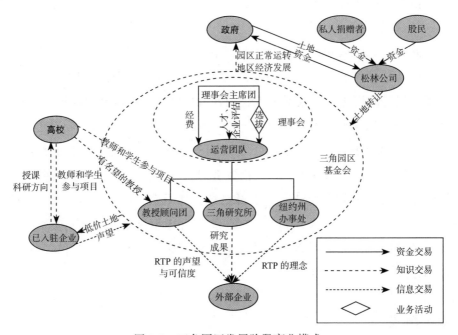

图 7-2　三角园区发展阶段商业模式

在基金会内部,理事会是领导机构,由来自企业、大学、研究机构和服务机构的 28 名代表共同组成理事会主席团和运营团队。理事会主席团作为基金会的决策结构,将资金划拨运营团队使用。同时,主席团也进行选拔运行团队、企业和人才评估等业务活动。

⊖ 数据来源:OECD data https://data.oecd.org/conversion/purchasing-power-parities-ppp.htm.

此外，基金会扩充了园区功能型部门的规模，除教授顾问团之外，还建立了纽约州办事处。办事处主要与外部企业进行信息层面的交易，输出三角园区的理念，以期新企业入驻园区，同时于1957年用已经筹集的50万美元建立了三角研究所，这是园区的第一位租户。三角研究所由基金会捐资，不需要高校财政支持，同时从事基础研究和应用研究，这可以吸引高校教师和学生参与三角研究所的研究。正是这样，三角研究所第一批20个研究项目中，有18个来自北卡罗来纳州立大学。三角研究所与高校的知识交易也使得三角研究所可以向外部企业输出属于三角园区的科研成果，这向园区外部企业体现了三角园区的存在感，彰显了三角园区的科研能力，提高了三角园区的声望。

在三角园区的发展阶段，基金会的平台效应初步形成。高校作为基金会的上游利益相关者，投入的资源能力是教师、学生等知识资源，以及设备、经费等资金资源。这是园区产出科研成果和商业化产品的关键资源能力。企业作为基金会的下游利益相关者，投入的资源能力是商业化经验与资金。高校的课题组接手企业的研究项目；企业的研究员进入高校参与教学与科研项目评估，及时在项目初始研发阶段筛选并淘汰产品化困难和商业潜力低的科研项目；企业的资金一部分用于场地租金，另一部分用于资助校企合作的科研项目。

但是在此阶段，三角园区也面临着一系列严重的问题。第一，入驻公司较少，校企产学研合作的方向较为局限，难以实现稳定长期的合作。第二，高校研究经费由州政府和美国政府提供，导致大量经费无法投入商业化项目中，这提高了企业参与研发活动的门槛。为数不多的大型企业通过捐赠联合实验室的方式，实现与高校某专业方向的点对点合作；而不具有"大额资金"这一资源能力的初创企业和小型企业，则缺少研究资源注入，几乎没有与高校课题组直接对接的机会，无法获得与高校合作的"准入资格"，参与官产学研转化的效率较低。第三，原有的依赖土地红利招商引资的交易结构已经不再能有效地吸引企业，园区亟待发掘自身更有价值的资源能力，并改革一种与企业之间新的交易结构，才能更好地吸引企业入驻园区。因为面临的上述问题始终没有得到解决，三角园区的增长在 20 世纪 60 年代左右逐渐停滞，财政连续多年赤字，甚至面临需要变卖园区资产以维持园区土地购置、基础设施建设、员工工资支付等运营问题的挑战。这带来了三角园区商业模式的新的改革。

成熟阶段

三角园区成熟阶段商业模式如图 7-3 所示。

由于三角园区在发展阶段出现了严重的经营危机，基金会对园区商业模式进行了又一次改革。本次转型是通过扩展园区的价值空间来实现的。第一，园区通过建设，更新了自身的资源能力，使得园区与企业的交易更有价值。第二，入驻企业的数量和体量变大，在三角园区形成了产业集群。同时，著名企业的龙头效应也使得园区的价值空间得到了进一步提升，下面将对三角园区成熟阶段的商业模式进行总结。

1965 年，依靠北卡罗来纳州政府的力量，美国国家环境健康科学研究所迁入园区。此后，由于此研究所的龙头效应，以及三角研究所和园区三所高校的数量可观、质量可信的研究成果，国际商业机器公司 (IBM) 于 1965 年 4 月在三角园区开设了研究机构。在这两个龙头企业入驻后，三角园区基金会在近 10 年来首次实现了盈利，各地企业迅速布局三角园区，向生物科技、电子信息两个高新技术领域的龙头企业靠拢。直到 20 世纪 60 年代末，共有 21 家公司承诺在三角园区开设研究机构。

在三角园区的成熟阶段，已基本形成了政府、高校、企业和园区四方相互耦合的可持续增长的商业模式。政府已经基本脱离了园区的运营，政府会与园区和入驻企业进行资金、信息方面的合作，例如支持政策和金融服务等；政府根据入驻企业的不同，划定了不同的优惠政策：对园区刚刚开业的企业提供 10 万～50 万美元的低息贷款，期限长达 7 年，贷款年利率为政府债券利率的一半或固定的 5%。针对初创企业以及小型科研机构，政府还提供贷款担保以及其他的金融业务，甚至还有法定税收减免以及酌情赠款的计划。

第七章 NCRTP——北卡罗来纳州三角产业园区

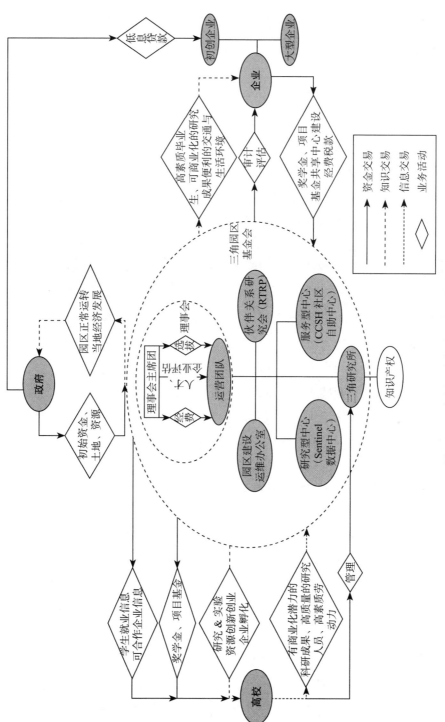

图 7-3　三角园区成熟阶段商业模式

随着入驻企业的增加，三角园区基金会的平台效应日益凸显。高校作为基金会的上游利益相关方，可以直接向基金会投入可商业化的研究成果、高质量的研究人员以及高素质的劳动力，同时这些高校每年帮助吸引近 30 亿美元的联邦研发资金，并发展了数百家初创公司；企业作为基金会的下游利益相关方，不仅会为园区带来声望，也向基金会注入了大量资金，包括奖学金、项目基金、园区共享中心建设经费和税款等。与园区发展阶段相比，基金会、高校和企业的交易结构更为清晰：基金会作为平台可以与高校进行资金、知识、信息三个层面的交易。在资金层面，基金会向高校提供由企业赞助的奖学金和项目基金，向企业提供较低的地租和优惠贷款以及良好便利的生活与研究环境。在知识层面，基金会通过共享中心向高校和企业提供更规模化的研究和实验资源，同时可以对高校的创新创业企业提供加速器和孵化平台。在信息层面，基金会向高校提供学生就业信息以及可与高校进行产学研合作的企业信息，并使校企研究人员互通，保证研究成果的实用性。同时为企业投入可商业化的科研成果。除了上述的园区直接参与产学研转化的业务活动外，三角园区基金会还有以下业务活动环节：企业准入资格审查、入驻企业经营情况监督跟踪、创意咨询与技术指导、园区运维、区域合作、专利转让、金融服务等。我们将对三角园区基金会内部商业模式进行详细描述。

成熟阶段三角园区基金会职能划分

成熟阶段三角园区基金会内部商业模式如图 7-4 所示。

在三角园区基金会内部，我们可以按照职能将其划分为三类部门。

第一类负责园区的基本运营与发展，代表为 2016 年成立的三角社区基金会（以下简称社区基金会）：社区基金会的领导层由当地居民与社区成员组成，致力于改变三角园区区域中人们的生活，识别和解决社区问题。社区基金会汇集了个人、家庭和企业的财务资源，以支持社区中的非营利组织。截至 2020 年 6 月，共向艺术、教育、卫生与公共服务、弱势群体、环境和救灾等领域的各种非营利活动提供了约 55.6 亿美元的资金，保障了三角园区住民的住房、医疗、教育等基本生活需求，打造了更加便利的设施和生活方式，有效地促进了园区社会化属性的建设，创建了一个统一的所有三角园区利益相关方都可以从中受益的繁荣社区。

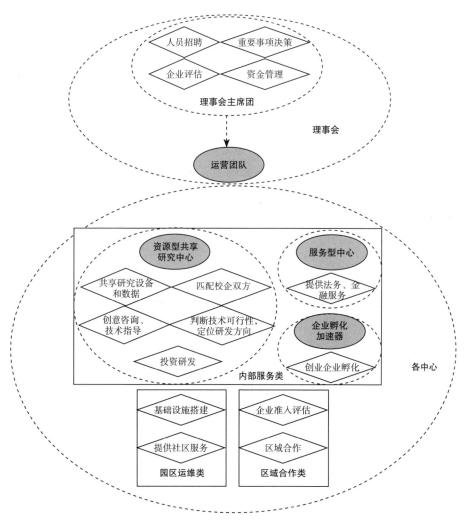

图 7-4 成熟阶段三角园区基金会内部商业模式

第二类负责区域合作、企业评估与准入以及对地区的介绍与推广，代表为三角区域合作组织（教授顾问团合并于此）。区域合作组织由三角园区基金会与三角园区周边的 13 个县政府共同支持，它的董事会由来自基金会、政府部门、各县办事处和企业负责人共同组成。区域合作组织相当于支持私营部门经济增长的经济发展办公室，充当园区、各县政府与企业之间的连接者。在三角区域合作组织的运营下，三角园区现有居民200余万人，在读高等教育学生17.6万名，47%的人拥有学士及以上学位，7000余家公司覆盖先进制造、农业科技、清洁能源、生命科学、电子信息技术等高新技术行业。

第三类是内部服务中心，根据不同的职能也可分为三种。第一种即为资源型共享中心，主要职能为提供集中研究设备（如算力）、共享各单位研究数据、为初创公司及高校早期研究提供资金等，代表为1984年成立的北卡罗来纳生物技术中心（以下简称生物技术中心）。生物技术中心不仅致力于生命科学的研究，还领导了北卡罗来纳州生物科技、成果和就业的增长以及生命科学生态系统的建立（具体将在模式亮点部分加以论述）。第二种即为企业孵化加速器，以"首航"风险中心（以下简称风险中心）为代表。风险中心成立于1991年，入驻三角园区后，致力于孵化技术型公司，为首次创业者从实验室过渡到市场提供帮助，同时也为连续创业者提供下一次创业所需的资源。风险中心至今共扶持了350多家科技驱动的公司，是美国最大、最稳定的孵化器之一。作为由北卡罗来纳州商务部投资建设、三角园区基金会负责管理的非营利性机构，风险中心内部运营团队由连续创业者、国际商业创新协会认证的孵化器经理等组成，运营者多元化的背景使得风险中心从战略、营销、财务、法务等各个可能被需要的方面，都可以为客户提供有价值的服务。风险中心采用会员制，在农业技术、生物技术、清洁能源等15个领域的初创企业可以申请成为会员，根据自身的资源能力和需求来选择不同的会员类型：合作会员所需支付的会员费较为低廉，为500～2500美元/年，可以定时使用风险中心的办公空间（工位、会议室等）与项目资源，获得与其他企业家互动的机会。而对于有望在3～5年实现商业化目标的企业，则可以选择成为常驻会员，会员费灵活，会因需求而发生变动。常驻会员可以随时使用办公空间、行政服务支持、参与高校项目的机会以及一定次数的咨询服务。对于需要制作原型机的初创企业，风险中心设置了

"HANGAR6"会员，可以使用原型设计辅助空间，从而快速实现原型机的构建。除此以外，风险中心针对不同需求的初创企业，可以提供5类定制化服务，包括企业设计思维方法论、非稀释性拨款（解决赠款过程中烦琐流程与低效率）、领航员体系（经验丰富的高管、企业家和科学家与初创企业配对）等。2016年以来，风险中心为已注册的会员企业提供了超过1600万美元的拨款，并100%在两年半下发企业，保证了企业的高速孵化。第三种即为服务型中心，以三角园区联邦信用联盟（以下简称信用联盟）为代表。信用联盟是一个非营利性金融服务中心，由三角园区的联邦雇员于1968年成立，由会员选举产生的董事会管理。联盟的利润以具有竞争力的股息率、低贷款利率以及低或无服务费的形式返还给成员。如今三角园区及其周边区域的300余家企业和组织都在享受信用联盟的企业会员服务，也有1.2万余居民成为联盟个人会员。其中，个人会员准入门槛较低，仅仅需要个人在联盟企业会员公司中工作或者为现有会员的亲属即可加入联盟，享受覆盖全生命周期（上大学、结婚、买房等）的金融服务。

第三节 三角园区商业模式的亮点与价值空间

非营利性研究中心引入多元利益相关者，提高研究方向和研究成果的市场认可度，从而提高研发成功率

三角园区商业模式中不同主体之间的资源能力交易见表7-1。

表7-1 三角园区商业模式中不同主体之间的资源能力交易

利益主体	富余的资源能力	缺少的资源能力	核心诉求
三角园区基金会	构建多学科交叉的研究环境的能力 项目商业化前景评估的能力 支持园区运维、校企研发、居民生活的全方位服务中心	研发基金资源 研究团队与专业能力	促成面向业界的丰富的研究成果 拉动地区经济发展，留住人才 吸引更多企业入驻

(续)

利益主体	富余的资源能力	缺少的资源能力	核心诉求
入驻企业	研发资金资源 商业化经验（市场洞察力） 技术转化变现能力 核心技术产品化、商业化运营能力	前沿核心技术 多学科交叉的研究环境 企业运转所需的硬件设施 为员工提供良好的生活条件	可观的回报 先进的技术
合作高校	前沿核心技术 研究团队与专业能力	商业化经验（市场洞察力） 技术转化变现能力 外部研发基金 核心技术产品化、商业化运营能力	为企业提供有商业化前景的技术和成果、分红 获得研究资金支持

在三角园区模式中，园区的管理由三角园区基金会负责，基金会的决策层则由产学研三方和政府人员共同组成，四方都投入了自身的资源能力。这种多方共治的管理模式，成功地使四方的资源能力发挥了最大的效能，避免了某一方独揽管理权或专门设置管理机构带来的信息不对称问题和更高的交易成本。以研发项目为例：在传统模式中，高校的研究成果不一定具有商业化潜力，而某一家企业也很难单独地识别和判断高校成果的商业价值前景，高校课题组也基本不具备将成果商业化的能力，这就导致了传统模式中产学研转化效率较低的问题。但在三角园区模式中，因为基金会团队中有多方、多行业的专家承担了高校研究成果筛选的工作。业界和合作方企业的专家在项目立项阶段就参与高校研究，评估项目商业化前景，给予高校一定数额的项目基金，跟进掌控项目进展，从而保证项目进行过程中的路径正确，这不但减少了研究人员的事务性工作，而且相应地提高了研发的效率以及成果转化的成功率。考虑到校企的交易成本，很大一部分是互相匹配过程中需要的沟通成本，在传统模式中，企业的课题需要消耗大量时间成本来寻找高校以及细分领域相匹配的教授等，同时企业无法紧密跟进研究情况，这些都可能带来研究路径偏向，甚至目标与成果不匹配的情况出现。企业和高校之间的沟通消耗了大量的成本，进而导致传统模式的研发效率较低，但这种情况在三角园区的现行模式中得到了解决。

多方共建基础设施，提高了基础设施的利用效率与整体水平，从而降低了各方研发成本的投入规模

在三角园区的商业模式中，有着很多由政府注入资金建设、三角园区基金会负责管理的非营利性研究中心，旨在融合学术界、私人公司和公共部门的利益。此类机构通常具有精准的研究方向，但不进行实验研究与公司孵化等业务活动。企业通过缴纳会费来获取研究中心提供的各种服务与资源，研究中心帮助企业识别和寻找与企业战略相匹配的合作项目，并提供具体的项目规划和协议。企业缴纳的会费一部分提供给高校，作为校企合作项目的研究经费；另一部分则提供给研究中心来建设共享研究的基础设施，从而降低各方研发成本的投入，进而吸引更多的利益相关者进入三角园区。对于大中型企业而言，多个企业共同投资建设共享研究设备的做法大幅降低了企业的研发成本投入，同时也保证了高校有足够的经费投入商业化项目的研究中；对于小型企业和初创企业而言，其只需要向研究中心缴纳低廉租金，即可使用办公空间和昂贵的研究设备、获取部分可公开的校企研究数据以及得到对接高校课题组的机会。通过这种模式，研究中心吸引了更多的利益相关者入驻三角园区，形成了巨大的研发资金池，建成了精良的共享研发基础设施，保证不同的项目在不同阶段均能使用先进的实验设备。

以生物技术中心为例，它的使命是通过支持生物技术研究和商业化，以增强高校和企业的生物技术领域研究能力，为北卡罗来纳州提供长期的经济效益和社会效益。在投资业务上，生物技术中心为生物技术公司和高校制订了特异性的支持计划：对于小型企业，生物技术中心支持具有明显商业潜力的产品、工具等，提供 7.5 万～25 万美元不等的投资；对于初创企业，生物技术中心则进行 25 万～50 万美元的天使投资或风险投资，以期实现技术转化与变现；生物技术中心的投资也包含了 IPO 和战略合作伙伴关系等。从历史数据看，生物技术中心每 1 美元的投资带来了 104 美元的后续资金。对于高校和非营利性机构，生物技术中心采用赠款的方式补充了研发过程中的关键资金缺口，以帮助高校和非营

利性机构技术的早期开发并推动技术的商业化。同时，生物技术中心实行的最高 1 万美元的会议赠款制度，为全州生命科学界提供了信息互通交流的机会和平台。在研发业务上，生物技术中心通过三种途径来支持产学研转化：匹配高校课题组与企业的商业顾问，共同探索新技术可能的应用；建设精良的研发设施，满足校企研发需要，同时向其他企业提供解密的研究数据；联合研发团队进行高风险技术开发。该中心在三角园区的 18 个高校和非营利性机构中，建立了 96 个共享研究实验室。例如：北卡罗来纳州制药服务设施拥有价值 200 余万美元的精密制药设备，该地区的制药公司计划或正在进行的项目超过 30 亿美元。

自 1984 年以来，生物技术中心已在州拨款中接受投资超过 1.87 亿美元。截至 2020 年，生物技术中心的投资共带来了 57 倍的后续资金回报，以及数十个专利、许可以及初创公司，打造了极具竞争力的北卡罗来纳州生命科学集群。在未来 5 年内，生物技术中心的赠款项目预计将使高校获得额外的 9 亿美元的后续资金、140 项专利以及 25 项公司许可，在全州提供 3.5 万余个就业岗位。

三角园区模式吸引了更多利益相关方参与交易，同时扩展校企可交易的内容为覆盖资金、知识和信息的全要素交易，从而使得价值空间更大

在传统的高校科研体系中，研究人员的项目成果是归属高校的，研究者不能直接将科研成果与企业进行私下转让，传统的官产学研合作停留在项目制或通过联合实验室的方式获得高校的许可。在这种模式下，高校研究人员偏好论文等理论性研究成果，以此来申评更高的职称，而对于科研成果转化，则缺少主观能动性。在三角园区商业模式中，三角园区基金会、企业、高校等利益相关方之间利润分配清晰。同时，产品商业化的业务活动由三角园区基金会及其下属部门承担，高校的教授无须参与过多的事务性工作，更无须承担专利转让给私人企业的风险，便可以将自身的研究成果商业化并获取利益。这种激励要素增强了研究人员参与产学研转化的主观能动性，扩大了校企交易的价值空间。同时，三角园区商业模式中，校企合作项目的初期评估过程大大降低了"无用成果"的出现概率。研究人员产出"无用"成果（特指没有商业化前景的科研成果），无法获得收益的风险被模式的交易结构化解，研究中还可以得到基金会的项目基金补助，对高校研究人员而言，这是一条合规且低风险的产学研合作路径。

第四节 三角园区商业模式的启示

三角园区历经 60 余年，还能保持良好的增长势头，这归功于园区的管理者能根据不同历史时期的现实问题对商业模式进行不断迭代，使得三角园区商业模式能够顺应时代发展浪潮。也正是因为三角园区商业模式的三次迭代，积累了于自身发展有利的大量资源能力，从而创造了可持续性极强的盈利模式。在三角园区中，可被交易的是资金、知识和信息等资源，而不是通过土地、税收、能源等政策优惠来吸引企业入驻园区。这避免了入驻企业的科技含量低的问题，也使得企业的区位优势与政策脱钩，增强了园区和企业的核心竞争力。最后，园区管理者不由一方担任，且不仅负责招商、审计等工作，还积极参与官产学研合作，确保合作的高效顺畅运行。

CHAPTER 8

第八章

MLSC
——麻省生命科学中心

第一节　MLSC 案例背景

麻省生命科学中心（Massachusetts Life Sciences Center，MLSC）是由马萨诸塞州（以下简称"麻省"）政府牵头建立的"准公共机构"，其使命是保持并发扬麻省的生物医药产业在美国乃至世界的领先地位，并进一步为生命科学发展、生物医药产业的进步做出贡献。

进入 21 世纪后，生命科学这一学科的重要性越发被重视，麻省在美国生命科学研究领域的领头羊地位受到了严峻挑战。因此，在 2007 年，麻省州长牵头推出了 MLSC 计划，于 2008 年 6 月正式通过立法将此计划以法律形式确定下来，初始计划投资 10 亿美元，并在后续阶段多次追加投资。利用这项为期 10 年的计划，麻省捍卫并强化了其在生物医药行业、生命科学研究方面的领先地位，并将其发展成为该州的核心经济发展引擎之一。

整体来讲，MLSC 的定位是政府主导、市场化运营的非营利性质的政府投资机构，使命为保持并发扬麻省生物医药行业在世界的领先地位，实现途径是兼行商业化运营和主动承担社会责任。历经 12 年，MLSC 出色的引资能力撬动了社会资本杠杆，总投资规模达到了 41 亿美元左右，总计创造了超过 14000 个就业机会，相比于创立之初，均实现了 10 倍及以上的增长，也印证了 MLSC 的创新模式价值。

下面我们从商业模式的角度解析 MLSC 作为一个政府主导的投资机构，如何克服产业投资、技术转化中的诸多难点、痛点，从而通过业务活动选择与交易结构设计实现高速发展。

第二节　MLSC 的组织结构与商业模式

组织结构

MLSC 在组织结构方面采取常见的科层制管理模式（见图 8-1），以董事会为最高决策主体，其下设有 CEO（首席执行官），通常由 CEO 兼任董事会主席。CEO 直接管理业务，下设 4 个副总裁，分管产业战略与投资、教育与人才培养、财务、市场营销与联络 4 个部门。另外，MLSC 还设有长期专职的总法律顾问，纳入其核心团队的编制。

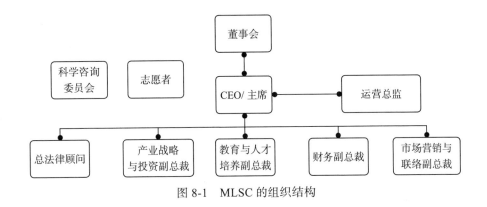

图 8-1　MLSC 的组织结构

MLSC 组织结构的特点在于其董事会的构成非常多元化，涵盖了政界、业界、学界多个领域的高端人才，大量高管都在美国的政府部门、科研部门、企业部门有任职或曾经任职。另外，在 MLSC 的长期和全职雇员这一体系之外，MLSC 还通过短期聘请的方式，花重金组建了科学咨询委员会，这一委员会在其投资决策与投后管理中扮演了重要角色。

在项目投资的决策流程中，上文提及的董事会与科学咨询委员会发挥了重要作用。一般流程是：有融资需求的组织提交申请，基层员工完成材料审核，科学咨询委员会评估申请以及前两个环节给出的评估，并向董事会提出建议，最终由董事会审查与裁定。对于给予融资的组织，MLSC 会持续关注其后续运营，融资者需要提供季度报告、年度报告，以供 MLSC 跟进监督其是否履行之前的协定。MLSC 的投资协定中不仅包括对于企业盈利能力的期待，还对企业的创造就业、缴纳税务等责任进行监督。从运营的角度来看，MLSC 是采用项目式管理的，其中每个项目都需要经过层层审查，并最终获得 CEO/ 主席的书面许可，在这之后，这个项目的发展和跟进基本就不再需要高管操心，由项目经理掌舵。

一方面，整合多方视角进行集体决策，是 MLSC 攫取优秀投资标的、设计合理投资规则的关键；另一方面，多维资源整合为 MLSC 提高投后管理与行业基础建设能力做出了很大的贡献。这样的团队是 MLSC 为初创企业落脚麻省发展壮大、成熟企业进驻麻省实现进一步增长进行全要素匹配的关键，其中大量非现金的资源交易和匹配是 MLSC 成为麻省一方特色、被誉为"创新组织"的关键所在。

业务活动与商业模式

MLSC 的业务活动主要包括两方面：一方面，MLSC 承担了投资业务，不仅可以提供资金上的帮助，还利用多元化的团队构成，辅以政府与业界的资深背景为企业匹配更多要素，提供更为丰富的资源；另一方面，MLSC 主动承担社会责任，致力于培养未来行业人才、帮助扶持就业。MLSC 与外部利益相关者交易结构如图 8-2 所示。

MLSC 是非营利组织，其所得利润的主要去向是回流组织再投资，用以扩大规模。追踪其现金流向，MLSC 的资金来源主要包括股权投资收益、债权投资收益、政府投入以及其他战略投资伙伴公司通过公共募资获得的赞助三大方面。资金流出主要包括业界投资、研究项目资助、本地化基础设施与劳动力市场投入、雇员与外聘专家工资等方面。

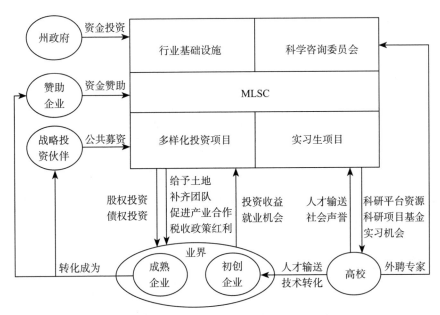

图 8-2　MLSC 与外部利益相关者交易结构

下面分别从多样化投资业务与本地化生态打造两方面具体介绍其业务活动与商业模式。

1. 多样化投资业务

MLSC 的投资主要有两大方向。一是业界投资，即投资于生物医药行业的早期企业，在投资模式方面采取股权为主、债权为辅的模式。二是高校投资，重点资助研究项目、建设基础设施等多方面。

作为一个投资机构，MLSC 通过政府注资、公开募资（面向个人、企业、其他金融机构等）、企业赞助等渠道获取资金，并以生物医药行业的创新创业企业、生命科学研究的重要项目等为投资标的，依据企业所处阶段的不同进行有针对性的交易设计与投后管理。例如对于早期公司，设有里程碑达成项目（Milestone Achievement Program）、种子基金（Seed Fund）和天使投资者税收激励（Angel Investor Tax Credit）；对于更成熟的公司，有突破计划（The Building Breakthroughs Capital Call）等项目。不同的项目具有不同的准入门槛，依据公司人员规模、营收规模等决定，投资方式（轮次、金额）也有差异，并匹配其他资源及投后管理。

具体而言，在标的企业成长早期，MLSC 主要扮演付出的角色，对具有活力、前景明朗的早期生物医药企业进行投资。交易方式上以股权投资为主，这与生物医药行业初期研发投入大而收入规模小的现金流特点相匹配。对于处于快速增长时期的标的企业，MLSC 侧重于补齐其增长所需的要素，包括但不限于输送人才、补齐团队、给予土地、促进产业合作等方式，以扶持其成长，使其与 MLSC 甚至整个麻省的生物医药行业氛围、基础设施等形成先依赖而后互赖的关系。这部分企业会在后期反哺 MLSC 以及整个麻省，成为后者体现自身优势的名片，同时带来投资回报，成功的投资标的带来的丰厚利润是 MLSC 增长的主要来源之一。

2. 本地化生态打造

MLSC 的另一个业务特点在于，其一方面追求更高的利润与增长，另一方面也有十足的热情去承担更多的社会责任，思考产业更加长远的发展，投资于更加底层的基础设施与本地化生态建设，以获得长期回报。

MLSC 在本地化生态打造方面的业务体现在以下几个方面。

首先，完善劳动力市场，MLSC 设立实习生项目，通过连接学校与企业，促进学校向企业的人才输送，是创造生命医学就业的主要方式。高校的在读生或毕业生可以通过 MLSC 申请带薪实习的机会。实习时长灵活，从 3 个月到 1 年期均有项目。可以全职参与，也可以兼职。实习机会由 MLSC 及其投资帮扶过的中小企业提供，以百人以下的小公司为主。这种交易设计能够让企业获得人才，学校做出好业绩，学生解决就业难题，创造多赢的局面。

其次，建立友好的政策环境，例如施行详细的税收减免激励计划，并通过具体条款设计将招商引资与刺激就业的目的相结合。MLSC 的税收激励计划要求:"公司需要聘用足够规模的全职员工""承诺在来年增加聘用足够规模㊀的全职员工,并且承诺在 5 年内保留这些岗位"。成功申请税收激励的公司需要向 MLSC 提供季度财报,并且受到 MLSC 监管。在期限内存在任何违约行为的企业将会被 MLSC 收回税收减免的资格,未按时清缴的税收需要足额向州政府缴纳。严格的后期跟踪管理,控制了道德风险,保障了就业机会的创造,提高了税收减免的资金利用率。

最后,建设公共研发基础设施,例如 MLSC 多次为麻省的中学、高校与初创团队建设科研相关实验室、共用数据平台等。

总结来说,MLSC 起到了一个连接生态中各方主体的桥梁作用,作为一个资源与信息的整合方,对资源能力进行了统一的调度,与各方主体实现了共赢的交易设计,以解决多方需求(见表 8-1)。

表 8-1 MLSC 生态中各方主体的资源能力获取与交付

交易主体	资源能力获取	资源能力交付
政府	拨款、人脉资源支持	扶持当地生物医药产业
接受融资的企业	投资收益,包括现金流和股权	现金和审查成本
高校以及研究机构	科研成果以及转化利得	科研资金、成果转化配套资源
基础教育学校	社会声誉	建设有关生物医药的基础设施
赞助企业	现金	官方合作
募资对象(企业)	现金	部分投资收益
外聘专家与咨询师	项目评估服务	现金
志愿者	项目评估服务	对其贡献的认可和赞赏

第三节 MLSC 的商业模式亮点

介于市场交易和科层交易之间的中间组织,补足科技创新领域资金供给的角色空缺

从最主要的业务活动讲,MLSC 是一个研发活动的资金提供方,但其在交易结构的设计方面巧妙地选择了一种中间形态,采用"政府出身"

㊀ 具体在 2020 年,"足够规模"都要求至少 10 人。

但"公司运作",在两种交易方式之间取一个平衡点,综合各方优点,克服其中的不足,弥补科技创新投资领域的资金供给空缺角色。

运用商业模式的语言,我们可以将两种交易方式背后的本质抽离出来。魏朱商业模式中指出,交易结构设计是商业模式的重要组成部分(魏炜等,2012,2016),任何交易都包含三种典型性质,一种是市场化交易,往往发生在市场主体间,双方按照市场价格与一定的回报追求进行交换合作;另一种是科层性质的交易,往往发生在主体内部,通过指挥、命令、监督、控制等互动方式进行活动。伴随着两种交易性质的不同,其带来的交易主体的行为与后果必然不同。在此基础上,中间组织是一组交易主体及其交易关系的集合,具体表现为介于纯粹市场化交易和科层性质交易之间的各种交易性质。

决定这种治理关系与中间组织的三大因素如下。

(1)专用性资产。专用性资产指为特定类型的交易对象定制的,在其他次优用途重新部署后价值会产生骤减的资产类型,往往具有较高的重置成本,故使用方更看重交易关系的持久性(Williamson,1975)。

(2)不确定性。不确定性包括交易遭遇外部环境变化扰动带来的不确定性,以及主体行为不确定性。前者包括消费者偏好、市场竞争环境、法律法规不可预测等变化,后者包括决策者由于信息不对称带来的决策偏差,机会主义行为等(Brown,1984;罗珉、王雎,2005)。

(3)交易频率。交易频率同样影响治理结构的选择,当交易频率较低时,偶尔发生的交易不足以摊薄构建完备治理结构所花费的成本,中间组织治理结构表现出的灵活性在此体现出价值(罗珉、王雎,2005)。

如图8-3所示,是否采用中间组织可以通过这三个因素加以判断。

对于MLSC而言,其投资活动较为频繁,拥有较高的交易频率,能够摊薄建立完备治理结构的成本;产业关系、人力资源、创新资源等资产的调用较为灵活,并非为特定的交易对象定制,在不同的投资场景下所需要匹配的资产往往可以重新组织,重置成本较低,故整体来说专用性资产不高;投资活动具有一定的不确定性,可能来自决策者的机会主义行为扭曲或者外部市场环境变化带来的扰动,不确定性较高。

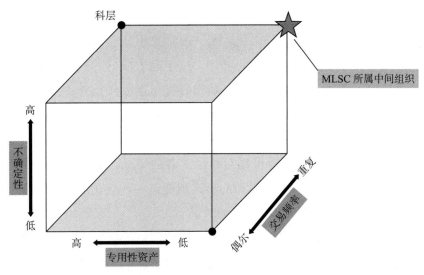

图 8-3 三因素与中间组织形式判断

资料来源：MAKADOK R, RUSSELL C. Both market and hierarchy: an incentive-system theory of hybrid governance forms[J]. Academy of management review, 2009, 34 (2): 297-319.

综上所述，MLSC 属于双边治理的中间组织（见图 8-3），交易双方一方面没有像科层一样脱离市场，受权力关系、雇佣关系制约，拥有一定的灵活性；另一方面也没有被市场交易机制所主导，仍保有了科层制下稳定的治理优势。

MLSC 的中间组织特征与成效

单纯的科层或市场都会带来诸多问题，运用中间组织的概念重新审视本书案例。MLSC 是一个研发活动的资金提供方，一般在市场上从事类似业务的有两类主体，分别是政府公共基金以及风投、私募与公募基金。以科层交易为主的典型代表是政府公共基金，此类主体由政府资助，公立研究机构运营，通常采用拨款方式投资于优秀的研发项目。其最典型的问题是，在公共属性的支撑下，机构更侧重于前期项目筛选的规范化，而不重视后期的项目完成情况与实际回报收益，容易忽略项目的市场化前景，同时没有激励参与中期的过程监督，导致很多项目的产出结果偏离早期设计与市场需求。以市场交易为主的风投、私募与公募基金，此类主体由投资者投资、公司化运营，通常采用债权或股权的方式投资于有潜力的技术。其最典型的问题是，过于追求短期的投资回报率，规避投资风险，导致对于早期研究、基础研究与重大科技攻关项目关注较少。总的来说，市场上缺少这样一个既关注市场化前景、结果导向，又兼顾基础研发与高风险研发项目投资的角色。

相比之下，MLSC 兼有市场与科层二者的特征。根据商业模式相关理论（魏炜等，2015），中间组织的形式则能进一步优化业务活动与价值创造，其中典型影响渠道包括以下四个方面。

第一，从交易价值的角度，中间组织的信息传递较市场更丰富，较科层具有更高的灵活性，能提高信息传递效率，从而提升了企业的经营效率与应对环境的反馈速度，能够有效提高交易价值创造。例如，公司化的治理结构能为组织带来更加高效的信息传导与决策，使得组织的响应速度更加快捷，运转效率有所提高。

第二，从交易成本的角度，中间组织表现出更少的治理成本，优化了激励机制，克服了市场基于产出的高能激励和科层基于成本的低能激励的局限性，降低了内部交易成本。在 MLSC 中，商业化运营充分调动了组织的主观能动性，改变了组织的薪酬结构，给予运营人员与管理人员充分的激励，使得其不仅关注项目筛选审核的早期流程，也关注提高机构的整体投资收益，促进项目自给自足、实现良性发展。

第三，从降低交易风险的角度，MLSC 作为一个隶属于麻省州政府的政府主导机构，本身带有较强的公共部门属性，从而能够抑制主体机会主义行为风险。MLSC 设立的目的在于建立完善地区生命科学行业发展，而非仅追求经济利益，从而具有更加长远的眼光与全局的规划，能够兼顾处于各个研发周期的项目，并扶持重大科研攻关项目与底层基础研究。

第四，从提高企业创新的角度，中间组织能够打破边界，凝聚来自边界外的类内部合作伙伴的知识与资源，从而促进创新，这在 MLSC 的组织中表现为其将科学咨询委员会等外部行业专家纳入自身的决策体系。

补齐生态环境资源能力要素，建立完善的行业基础设施与产业链结构，实现吸引龙头企业入驻与招商引资

为推动地区生命科学生态的构建，MLSC 不仅仅关注于项目资助、招商引资等具体业务的微观交易设计，更关注于宏观行业层面的健全发展。MLSC 虽以投资为主要业务活动，但其业务并不局限于投资本身，而是非常注重本地化的帮扶。例如，建立税收减免制度，建立细分行业协会，组织人才流动与成长计划，实习生培养计划，整合政界、业界或学界合作关系等。值得一提的是其中的实习生培养计划，这是一般的政府机构不会涉及的领域，MLSC 着意于创造前往创业企业的实习机会，一方面为高校的优秀人才补足实践经验，另一方面解决企业的人才缺口，进一步建立了企业与高校的信任关系，增大未来企业留住人才的可能性。能够实现该逻辑的背后原因依然是 MLSC 的公共属性，使得其能够在获取投资回报的同时兼顾社会责任与社会外部性。

在此基础上，MLSC 收获了诸多成效，更加完善、完整的生态环境资源要素能够进一步促进创新技术的诞生、支持初创企业的成长孵化、吸引龙头企业的持续入驻，实现生态发展的正循环。以吸引龙头企业入驻、实现招商引资为例，为扶持地方产业经济，MLSC 不仅需要扶植具备发展前景和潜力的初创企业，更大的挑战在于吸引国内、国际的生物医药龙头企业来到麻省，实现招商引资。这对于生物医药生态尚不完善、土地租金价格较高的波士顿而言并不是容易的任务。

通常而言，地方政府招商引资采用的是以政策优惠为主的吸引模式。MLSC 的优势在于为麻省打造了更加完善的市场环境与基础设施，实现了作为产业链的打造者和产业链资源的对接者角色的使命。

首先，地方政府提供税收激励，为进驻企业减税，加大了对企业降低成本的支持力度。其次，得益于 MLSC 团队的多元背景，为企业提供了有价值的政界、业界或学界合作关系，丰富拓展企业的渠道资源，例如为进驻企业提供用于公共医疗的政府订单。再次，得益于波士顿创新研究团队既往的技术领先地位，进驻企业可以在第一时间接触到高端人

才和创新技术。在此过程中，MLSC 充当了联络桥接的角色，使得人才、技术的流动更加顺畅、高效，更具针对性。最后，MLSC 通过疏通政府与企业的关系促成交易与合作，补足用地、资金及上下游供应链的资源。

在 2012—2013 年度财报中，MLSC 指出全球十大生物制药公司都已经入驻麻省，为实现"保持并发扬麻省在生物医药领域的领先地位"这一使命做出了重要贡献。

第四节　MLSC 的发展成果

投资效率总述

前文提及，MLSC 是一个高度公司化运营的准公共机构。其中一个体现就是，MLSC 每年会在官网发布年报及审计报告。通过研究 2008—2020 年 MLSC 的年报与审计报告，我们可以量化分析 MLSC 模式的发展成果。

成立之初，其约 4500 万美元的初始投资最终吸引了规模达 3.58 亿美元的投资，共计为麻省生命科学研究、生物医药行业发展带来了 4 亿美元的资金支持。也就是说，纳税人所付出的每 1 美元，在 MLSC 的运作下带动了约 8 美元的社会总投资，实现了高达 8 倍的杠杆率。另外，在 2009 年 MLSC 还创造了 1115 个潜在就业机会，与前文谈及的其社会责任感相呼应。

MLSC 出色的引资能力有效控制了成本预算，对于财政资金的利用效率较高。截至 2020 年，MLSC 由公共财政支付的总投资达到 7.96 亿美元，虽超出计划运营时期 2 年，但未超出 10 亿美元拨款预算。投资效果方面，MLSC 创造的总投资规模达到了 41 亿美元左右，相比于创立之初实现了约 10 倍的增长。此外，MLSC 总计创造了超过 14000 个就业机会，同样实现了超过 10 倍的增长，从而也印证了 MLSC 的创新模式价值。

依靠多元化组成的科学咨询委员会统筹决策与多样化的投资方式，MLSC 实现了较为精准的经费投放，也实现了大量带动地区产业发展的外部性成果。但整体而言，相较于其他政府机构主导的研究型平台，MLSC 介入的业务流程环节较少，政府基金的定位令其仍然有"重拨款，轻执行"的问题，导致实际落地的技术转化成果不足，突破性技术研发较为困难。从成果落地的指标衡量，该共生体效率仍具有提升的空间。

典型案例[一]

1. 初创生命科学企业投资

MLSC 从事了大量扶持地方初创生命科学企业的投资行为，鼓励私人投资，并帮助将科学研究转化为就业、产品和实际疗法。该中心于 2010 年 1 月启动的小型企业匹配资助计划，为麻省从事生命科学研究和开发、商业化和制造的早期生命科学公司提供联邦小型企业资助。例如，2010 年 MLSC 通过其加速器计划向 4 家早期生命科学公司提供了数百万美元的启动营运资金、小企业配对补助金，以加速处于发展关键阶段的早期公司的成长。另外，加速器计划也设计了利率为 10%、5 年期的投资工具，该项目不仅来自 MLSC 的自有资金，还旨在匹配创业公司与其他社会资本、私人投资的对接。

为评估申请人，MLSC 结合了美国国立卫生研究院、风险投资公司和公司投资者使用的方法，执行严格的同行评议程序，经过中心的同行审查小组、科学咨询委员会和董事会的广泛审查，融资申请的通过率低于 10%。评审考虑的核心要素包括产品商业化的潜力，为麻省创造就业岗位的能力等。其中，受资助公司包括泛素相关研究产品和服务的领先供应商 Boston Biochem Inc.，生产基因工程蛋白的 Tetragenetics Inc.，以及制造和销售热消融系统、治疗癌症的 Thermedical Inc. 等，其均在获得融资扶持后得到较好的发展。

2. 实习生计划

如文中所述，MLSC 作为一个准公共机构，其职能不只是一家投资

[一] 来自 MLSC 官网的年报披露。

基金组织,同时也兼顾了许多商业机构在盈利驱使下很难投入的公益事业,比如未来人才培养、社会公平等。

2020年11月,MLSC为联合黑人大学基金组织(UNCF)提供了一项5万美元的奖学金项目,以让传统黑人大学(HBCUs)的学生有机会申请得奖,并将之用于了解生命科学学术,以及探索在麻省可能的职业发展路径。该项目不仅为学生的努力发放薪水,还将为每个学生点对点地配备一位专业导师,以确保学生们可以获得足够的指导、训练,并且能充分融入团队的同侪以及领导之中。学生们将在此项目中收获极富价值的经历,同时与专业相关人士缔结人脉,进而更有可能在生命科学这条路上走出丰实的职业发展道路。

麻省首批本项目的学生有25~30人,其中5人将得到MLSC实习生挑战计划的全额资助,并在2022年暑期体验一次长达10周的实习。大量当地企业、单位加入该计划招收实习生,包括Thermo Fisher、Vertex、波士顿儿童医院、Dana Farber癌症研究所等一众高科技公司、研究机构和公共卫生组织。MLSC希望能够以此培育和留住更多未来的生命科学人才,并且让这一人群的背景更加多元化,而不仅仅局限于某种肤色或某个种族。

3. 基础设施

麻省大学医学院曾以280万美元的价格,从赛默飞世尔科技公司购入了一台全新的冷冻透射电子显微镜,这笔资金由MLSC全额支付。自2015年开始,麻省大学的这台设备已经为30多家公司、100多个科研实验室提供了数据支持,其中,85%地处麻省。2015年,麻省大学医学院成立所花费的900万美元中,有500万美元来自MLSC的资助。

上述对基础设施的资金支持源自研究基础设施计划(以前被称为开放或竞争资本计划),其目的是为资本项目提供资金,支持麻省的生命科学生态系统,促进其生命科学的研究和发展。

在全州范围内,MLSC为非营利合作伙伴提供150万~500万美元不等的资本项目,资金总额可达1000万美元。其中,申请人必须是麻省合法组织的"非营利"实体，如学术/研究机构、从事研究的医院、企业孵化器或加速器，或其他有资格获得麻省资本资助的非营利实体。同时，申请者必须证明所要求的基础设施将如何造福于麻省的整个生命科学生态系统。专门提供保健服务的机构和/或要求购买与标准保健有关的设备的机构将没有资格获得该资金。

参考文献

[1] 罗珉，王雎. 中间组织理论：基于不确定性与缓冲视角 [J]. 中国工业经济，2005（10）：9.

[2] 魏炜，林桂平，朱武祥. 从治理交易关系与业务交易关系探讨企业边界及相关命题：一个多案例研究的发现 [J]. 管理评论，2016，28（4）：13.

[3] 魏炜，朱武祥，林桂平. 基于利益相关者交易结构的商业模式理论 [J]. 管理世界，2012（12）：7.

[4] 魏炜，朱武祥，林桂平. 商业模式的经济解释：Ⅱ [M]. 北京：机械工业出版社，2015.

[5] BROWN W B.Firm-like behavior in markets: the administered channel[J]. International journal of industrial organization, 1984, 2(3):263-276.

[6] WILLIAMSON O E. Markets and hierarchies: analysis and antitrust implications a study in the economics of internal organization[J]. Economic review,1978, 29 (4):382-384.

CHAPTER 9

第九章

Media Lab
——麻省理工学院媒介实验室

第一节 媒介实验室案例背景

麻省理工学院媒介实验室（MIT Media Lab，以下简称媒介实验室）由尼古拉斯·尼葛洛庞帝与麻省理工学院前校长杰罗姆·威斯纳共同创建于1985年，是世界领先的研究与学术机构。媒介实验室提倡跨学科的研究文化，汇集了对创意表达和设计充满热情的各领域研究人员以及新兴数字技术领域的先锋代表。

经过30多年的发展，媒介实验室的研究重心由最初致力于改变学习、娱乐和自我表达的模式，演进到如今专注于在系统层面解决全球范围内的社会挑战，在此过程中先后开创了可穿戴计算、传感器网络、有形媒体和情感计算等研究领域，孵化了诸如触摸屏、电子墨水、全球定位系统等尖端科技。孕育自媒介实验室的前25个有影响力的想法和产品，以及典型研究项目分别见表9-1和表9-2。

表 9-1 前 25 个有影响力的想法和产品

序号	名称	序号	名称
1	亚马逊 Kindle	14	ReQall 记忆假体
2	衍生自 Harmonix 的 Guitar Hero	15	Audio Spotlight
3	乐高头脑风暴	16	Hyperscore 音乐创作软件
4	Scratch（儿童编程语言）	17	Symphony Painter
5	XO 笔记本计算机	18	G-Speak
6	SeatSEntry 智能气囊系统	19	Ambient Devices
7	MPEG-4 结构化音频	20	由 Nanda Home 子公司开发的 Clocky
8	由 Taito Corp. 开发的按需卡拉 OK	21	有形 IP 网络设计器和业务流程分析器
9	最初由 Nortel 开发的无线 ME 网络	22	Mercury RFID 阅读器
10	光电马赛克	23	IBM WebFountain
11	乐高 WeDo	24	由 Affectiva 子公司开发的 Q 传感器
12	由英特尔赞助的计算机俱乐部网络	25	Echo Nest 音乐平台
13	Zebra 3D 数字全息印刷		

表 9-2 典型研究项目

名称	研究内容
Electome	数据分析项目，通过解锁社交媒体数据来追踪选民看法；关注美国总统选举，尤其是新闻和社交媒体的交集
BioLogic	利用一种微生物对大气湿度的反应行为，创造出的新型服装；随着穿着者身体热量和湿度的增加，这种服装会变得更加透气
Enigma	让计算机使用基于比特币的加密技术挖掘加密数据；旨在不解密情况下与第三方共享加密数据解决数据安全问题
Glass Ⅱ	一种高保真、大规模的增材制造技术；可用于透明玻璃结构的三维打印，满足建筑物所要求的尺寸
The Nightmare Machine	产生由深度学习算法驱动的梦魇图像

媒介实验室遵循以人而非项目为中心的组织理念，其研究项目由 25 名教师与高级研究人员所领导。媒介实验室拥有超过 175 名研究人员、访问科学家、博士后研究人员和讲师，约 100 名行政及专职运营人员，其媒体艺术与科学的研究生学术项目每年招收约 150 名硕士和博士候选人。此外，每年有 200 多名麻省理工学院本科生通过其本科生研究机会计划在媒介实验室参与研究项目。

现如今，媒介实验室每年的运营预算约 7500 万美元，其中大部分由各大会员企业提供。事实上，媒介实验室与工业界有极为广泛的联系，其会员企业由耐克、谷歌、福特、麦肯锡等全球知名头部企业构成，业务范围涵盖了电子、娱乐、时尚、保健、电信等诸多重要领域。

如图 9-1 所示,媒介实验室的成功得益于其特殊的商业模式设计。以下我们将其分为媒介实验室与各大会员企业的外部交易结构、媒介实验室内部交易结构两大板块,论述外部交易结构时,采取的是业务活动选择、盈利模式这两个视角;论述内部交易结构时,则集中于内部的主体与活动,及具体的交易结构分析。

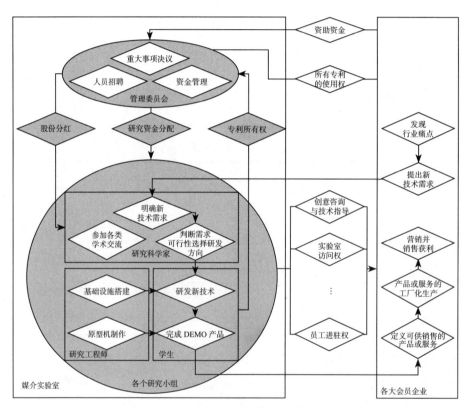

图 9-1 媒介实验室商业模式

第二节 媒介实验室与各大会员企业

业务活动选择

媒介实验室将自己精准定位为超早期技术的识别者与创新者。这一定位使得高校和企业各取所需，能够使自身的价值得到最充分的发挥。超早期阶段的创新指的是从最原始想法的提出到完成创意展示演示样品（DEMO）的过程。下文从 9 个创新阶段中的业务活动选择与评价两部分进行阐述。

新技术从创新到产品化盈利可分为 9 个阶段：①发现行业痛点；②提出新技术需求；③明确新技术需求；④判断需求可行性并选择研发方向；⑤研发新技术；⑥完成 DEMO 产品（完成实验室阶段）；⑦定义可供销售的产品或服务；⑧产品或服务的工厂化生产；⑨营销并销售获利。

如图 9-2 所示，在具体的业务活动分工中，媒介实验室专注负责其中从 0 到 1 的技术识别和创新探索部分（阶段 3～6），而企业或媒介实验室均可能提出创新需求（阶段 1、2）。当新技术的可行性被确认后，由企业负责技术的具体落地（阶段 7～9）。

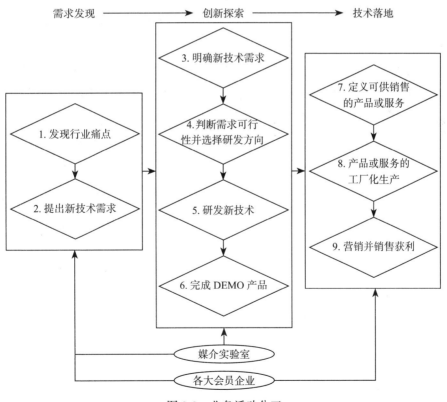

图 9-2　业务活动分工

在需求发现环节，各大会员企业以及具有一线经验的媒介实验室教授首先分别从其所属不同行业的内部出发，基于业界一线的视角，发现各自行业的痛点和广泛存在的刚需（阶段1）。在此基础之上，综合分析未来需求和行业现有技术的矛盾，可以总结出需要媒介实验室研发的新技术（阶段2）。

在创新探索环节，主要由媒介实验室负责。媒介实验室的相关研究者通过一系列的研讨会和企业进一步明确新技术的需求（阶段3）。这是由于相较于学术界而言，企业的相关人员在同类技术上的研究理解并不如学者深入，因此学者需要将企业的需求进一步用学术语言表述出来，或明确定义，或抽象成可供研究的学术问题。

在阶段3之后，媒介实验室内的各个研究小组的负责人需要基于自身和团队对于技术发展趋势的把握，对企业需求及新技术研发的可行性进行判断，选择正确的研发方向和方案（阶段4）。事实上，这一阶段体现了媒介实验室的核心价值：顶尖的研究人员在开放的多学科交叉的学术环境下能够对基于业界需求的新技术方向选择和可行性做出正确判断。需要特别强调的是，每个团队内部具体研发方向的选择仅由各小组负责人决定，媒介实验室的管理委员会对其不加额外干涉，仅在团队研发资金的分配上给予支持，这充分体现了媒介实验室"以人为中心"而非"以项目为中心"的管理理念，在给予教师充分学术自由的基础上也对教师本身的决策质量提出了更高的要求。

在方向和方案初步选定后，媒介实验室充分利用实验室内的各类资源对最早期的技术进行研发和试错（阶段5）。相较于企业或传统的其他实验室而言，媒介实验室所研发或试错的往往是最天马行空、最具有颠覆性，同时也具有最高风险的技术设想——这恰恰是由其定位本身所决定的，也是其能取得如此大成就的前提条件。需要注意的是，实施高风险项目往往意味着更为严格周密的风险管理与控制，在这一点上媒介实验室也有诸如对项目周期进行管理，根据各项目开展情况与需求对小组资金进行调控等的具体风控举措。

当新技术顺利攻关时，媒介实验室的师生们需要进行DEMO展示作为创新探索阶段的交付（阶段 6）。在每年春秋两季举办的两次大型研讨会议上，媒介实验室的师生会通过 DEMO 展示的形式向各大会员企业展示其半年来的主要研究成果，并由企业代表进行点评。事实上，一方面，媒介实验室师生以 DEMO 展示的时间作为其日常项目推进的周期设置基础与目标时间节点；另一方面，各大会员企业由此得以每半年一次及时考察媒介实验室研究开展的情况，并通过评议的方式对其方向合理性与推进速度发表建议并实施监督。

在技术落地环节，各大会员企业首先对媒介实验室研发出来的原初技术与设想进行吸收与消化，在此基础上与其行业内的真实需求相结合，完成产品概念的定义与初步开发（阶段 7）。事实上，这一过程有时也由媒介实验室师生通过"战略头脑风暴会议"等方式协助企业完成。在这一基础上，企业基于其业界资源和经验在其内部对媒介实验室提供的原初技术进行落地化的二次开发，申请行业细分的技术专利，并最终实现产品或服务的工厂化生产（阶段 8）。最后，企业对其所生产的产品及服务进行市场化运作，完成营销并最终销售获利（阶段 9）。

盈利模式

媒介实验室与各大企业之间的交易主要基于其会员模式。在这一模式下，各大会员企业需每年向媒介实验室的管理委员会支付年费以维持媒介实验室日常运营与科研工作的开展需求；作为回报，媒介实验室向各大会员企业提供创意咨询等多项服务，这些服务的提供决定了媒介实验室的盈利模式。

1. 资金

媒介实验室的资金主要来自全球各大会员企业的资助。例如，在 2000 年媒介实验室共 3050 万美元的赞助资金中，有 2800 万美元（占 92%）来自其会员企业，余下的 250 万美元（占 8%）则来自美国联邦政府及媒介实验室与其他大学的分包合同。各大会员企业主要有三种向媒介实验室交付资金或设备的方式：会员年费、专项资金和物资捐赠。其中，会员年费主要用于支持媒介实验室日常科研工作的开展；专项资金主要用于新实验室的建立，如在 1999 年 10 月，媒介实验室便宣布从 Swatch 公司获得 500 万美元的捐赠用于建立实验室以专门研发诸如可穿戴设备、汽车等面向消费者领域的新型技术；物资捐赠主要指各类研究支持设备，如仅在 2000 年，媒介实验室便从康柏、英特尔、北电网络和符号科技公司先后获得了价值超过 36 万美元的物资资助。

2. 创意咨询与技术指导

创意咨询与技术指导是媒介实验室向各大会员企业提供服务的主要方式。咨询形式包括但不限于以下四种。①常规咨询。一方面，企业可预约在媒介实验室召开战略头脑风暴会议，邀请媒介实验室的研究人员或为企业创造新的产品概念，或为其产品发展的各个阶段提供反馈建议；另一方面，媒介实验室也会定期派遣研究人员进驻企业提供专业的创意咨询与技术指导。②大型研讨会议。在春秋两季，媒介实验室会举办一年两次的大型研讨会议。届时，由媒介实验室师生向各大会员企业在管理委员会的代表展示其半年来的主要研究成果，而各大会员企业代表则一方面对项目进行点评，另一方面向研究人员了解各研究领域前沿，咨询产业相关技术问题。③人员中介。参与"研究生项目"的企业每年为每人支付 75000 美元便可与相应的研究生会员建立特殊的紧密联系：可实时了解其所在课题组的研究进展，邀请其进入企业帮助实现企业问题与实验室技术的对接，可在假期邀请其进入企业实习等。此外，享有员工进驻权利的最高等级会员企业还可以派遣企业员工常驻媒介实验室并拥有自己的一间办公室，参与实验室的研究计划并与媒介实验室的研究人员开展紧密合作。④咨询周边。媒介实验室不定期举办的各类学术会议和专家讲座对会员企业全部开放。

3. 专利使用及其他

各大会员企业享有的另一项关键权利是拥有媒介实验室研究小组所有研究成果（包含已经申请专利的技术）的免费使用权。除此以外，各大会员企业还享有媒介实验室的实验室访问特权、非独家、免许可费、免版税的知识产权许可、媒介实验室的出版物访问权及受密码保护的专有网站使用权等其他会员权利。

第三节　媒介实验室的内部交易结构

媒介实验室内部交易结构如图 9-3 所示。

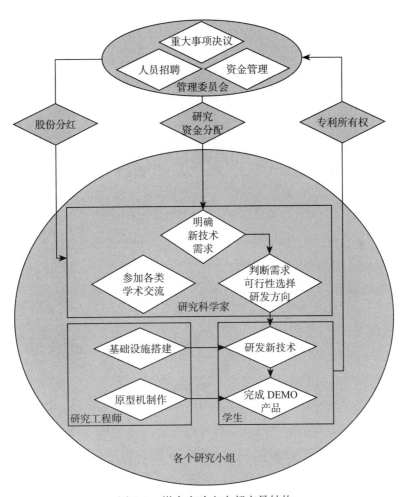

图 9-3　媒介实验室内部交易结构

媒介实验室内部的主体与活动

媒介实验室内部主要由管理委员会与各大研究团队构成。其中，管理委员会类似企业的董事会，是媒介实验室的核心管理机构。管理委员会的成员包括媒介实验室负责人与各大会员企业等，主要负责各项重大事件的决议，最主要的职能是对研究团队人员的选拔与评审，以及协助资金的管理。管理委员会需在麻省理工学院的考核框架内，负责设置对于研究团队成员的具体的选用育留方案，提升研究团队的创新能力与成果输出。另外，管理委员会还需要对资金在各个研究团队的分配进行管理。

在媒介实验室各个研究团队中，其研究活动的开展主要由三类人员共同推进完成：研究科学家、研究工程师和学生。当接到研究课题后，对科学前沿有深刻洞察的研究科学家负责把握研究的方向和技术攻关方案，并且统筹安排研究所需的技术资源、资金资源与人力资源以及对外展示交流。研究工程师专注于实验概念设计、原型机制作、基础设施搭建等工作，为技术的落地提供强有力的工程保障。最后，实验室内的学生作为项目的实际推进者，负责在科学家的研究计划内执行具体的科研创新工作。

媒介实验室内部的交易结构

媒介实验室内部的交易结构主要包括对于研究团队不同成员的筛选、考核方案与盈利分配方案。不同于其他高校的普通院系，媒介实验室要求的研究科学家必须满足精通至少两个不同并相对独立的领域且其研究方向不符合现有学科划分的要求。此外，媒介实验室的研究科学家普遍没有本科生课程的任教工作，这使得科学家们能有更充裕的时间投入创新工作中。作为媒介实验室推动研究的主要力量，加入媒介实验室的硕士和博士生不仅能够获得同在麻省理工学院其他院系一样的学术培养，还可以直接接触前沿的创新研究。另外，媒介实验室的学生均需签署额外的协议——承诺不在媒介实验室学习与工作期间从事任何外部工作（前往会员企业实习除外）或自主创业。这既能保护媒介实验室内部的知识产权，也可以保证学生在媒介实验室的创新活动中投入的时间。

媒介实验室内部的收益分配模式主要聚焦于管理委员会与各大研究团队之间。其中，各大研究团队的研究资金由管理委员会决定与提供。由于媒介实验室有充分的赞助与捐助资金，因此研究团队的研究者们并不需要自己再去申请基金或者经费，只需要通过过往成果与未来研究计划说服媒介实验室的管理委员会即可。各大研究团队的研究成果，即知识产权或专利所有权，均由管理委员会代表整个媒介实验室共同持有。这样所有的学术成果可以在不同团队之间进行流动，增强了媒介实验室内部的知识流动性，并将技术资源能力沉淀在媒介实验室中，而不是个人研究团队中。

此外，媒介实验室在20世纪90年代出现了因为研究团队的收入与企业界收入差距过大，导致大量顶尖的研究者流向企业的情况。为了留住人才，管理委员会除了给予研究科学家常规的工资外，还给予其股份分红作为额外的激励。这样既增加了科学家们的薪资收入，也可将媒介实验室的收入与研究人员的薪资进行捆绑，达到同舟共济的效果。

第四节　媒介实验室商业模式评价

我们将从以下三个方面评价媒介实验室模式：①资源能力交易的有效性；②模式价值空间的扩展；③模式的可持续性。

资源能力交易的有效性

同样的资源能力，被不同利益主体拥有时，机会成本不同。每个主体都拥有闲置、优势的资源能力（机会成本低），也有其劣势的资源能力（机会成本高）。当媒介实验室的管理委员会、研究小组、会员企业在合适的定位上，把手中的资源与合适的利益主体进行更有效的交易，就可以创造巨大的价值增值。表9-3描述了媒介实验室模式中，管理委员会、研究小组、会员企业之间的资源能力交易情况。在本书描述的定位和分工下，三方充分聚焦各自优势资源所在的业务范围，最大化地发挥了三方优势资源能力。以下分别讨论每个主体稀缺的资源能力是如何通过交易得到满足的。

表 9-3　媒介实验室模式不同主体之间的资源能力交易

利益主体	优势的资源能力	劣势的资源能力	核心诉求
管理委员会	构建多学科交叉的学术环境的能力	面向市场的研究基金资源	促成面向业界的丰富的研究成果
研究小组	顶尖创意和前沿技术	产业需求洞察能力 技术二次开发和市场化运作能力 技术变现渠道资源	可观的研究回报
会员企业	产业需求洞察能力 技术二次开发和市场化运作能力 技术变现渠道资源 面向市场的研究基金资源	顶尖创意和前沿技术 构建多学科交叉的学术环境的能力	为企业带来实际价值的研究成果

1. 管理委员会

管理委员会是整个交易结构的构建者，了解不同研究小组和会员企业的资源能力、核心诉求，也就具备了构建多学科交叉的学术环境的能力，这一点正是会员企业自主研发所缺少的核心能力。另外，传统的科研资金通常来自美国国防部、能源部、国家航空航天局、国家科学基金会等机构，其引导方向和评判标准并不直接指向市场需求。会员企业拥有了管理委员会这一稀缺资源，提供了面向市场的研究基金。

2. 研究小组

高校教师与其研究小组缺少技术变现所需要的产业需求洞察能力、技术二次开发和市场化运作能力、技术变现渠道资源。这使得高校研究和产业技术变现之间存在一段难以跨越的鸿沟。在媒介实验室频繁的企业需求沟通和对接过程中，研究小组能够明确什么是更切合市场需求的研究方向，并且有更大的机会把技术二次开发、市场化运作和变现交由会员企业完成。

另外，在学术界的评价体系下，主要是通过发表论文的方式建立其学术声誉，而早期阶段技术的开创性工作则直接有助于其论文的发表。例如，情感计算领域的开创者罗莎琳德·皮卡尔德教授便是媒介实验室情感计算研究组的创始人兼主任，其研究方向除了有广泛的应用场景和应用于业界的潜力外，在学术上也具备极高的科研价值。由此，基于媒介实验室整体研究方向的精准定位，其教师和学生所研究的内容便兼备了在业界的实用性和学术上的创新性，可谓一举两得与事半功倍。

3. 会员企业

大量基于新兴技术的颠覆式创新和随之而来的企业更迭兴衰案例，使企业认识到掌握新兴技术至关重要，需要布局未来可能实现大规模产业应用的新兴技术。例如，海康威视便是由于对高清视频、人工智能、人脸识别等赛道和技术的前瞻性选择与基于此的大规模资源投入而取得了如今的成功，而柯达则由于忽视了数码照相技术的前景而失去了之前在市场上的绝对优势地位。

潜在新兴技术的试错成本是高昂的，一方面企业基于自身盈利、存活和股东利益的考量，往往倾向于对相对后期的技术进行产品化开发；另一方面企业研发投入的科目种类有限，并不具备构建多学科交叉的学术环境的能力。以上两项能力恰巧是媒介实验室中各个研究小组能够合力提供交易的富余资源能力。媒介实验室的教授选拔考虑了多学科之间的交叉，即必须精通至少两个不同且相对独立的领域。

模式价值空间的扩展

商业模式的价值空间可以通过下面的价值增值公式进行评判：

价值增值 = 交易价值 × （1- 交易风险概率$_1$）- 交易成本 × （1- 交易风险概率$_2$）- 货币成本 × （1- 交易风险概率$_3$）

媒介实验室模式从以下几个方面提升了整个模式的价值：

1. 职位合理安排，提升了创新效率，增加了交易价值

媒介实验室将其学术研究岗位细分为教授、研究工程师、研究科学

家等。其中，研究科学家偏重于理论研究和概念提出，与教授相比，其教学负担更轻，研究工程师则更专注于实践概念设计、原型机制作、基础设施搭建等。如此的职位安排使得创新的分工更加明确，由此显著提升了创新的效率，进而增加了交易过程中所产生的价值。

2. 减少了学者低效的事务工作，降低了交易成本

媒介实验室汇集了全球顶级的学术人才，而其机制的设计也着眼于将其科研人员的优势资源能力发挥到极致，如资金的统一管理模式使其研究人员不再需要花费大量的时间外出募集经费；媒介实验室和企业的会员制交易结构使得其研究人员可以聚焦于技术商业化流程中的方案探索模块，而无须负责商业化运营；对教学工作低限度要求保障了其研究人员具有充分的研究时间等。种种机制的设计避免了媒介实验室的研究人员进行各类低效的业务活动，从而使其得以专注于核心业务：科研与学术交流。

3. 多重机制保障了交易稳定性，降低了交易风险

媒介实验室模式的一大特色在于其和各大会员企业之间的交易。为了保证交易可持续地有效开展，媒介实验室设计了多重机制来保障交易的稳定性，如通过提供创意咨询服务、共享专利使用权、开放实验室及出版物访问权等多种方式，给予了各大会员企业充实的交易内容与获得感；通过给予研究人员多重经费及股份分红的方式，充分保障了其从事研究的积极性；通过要求媒介实验室的学生额外签订在学期间不得从事任何外部工作或自主创业协约的方式，规避了潜在的专利纠纷风险，保障了媒介实验室对会员企业的吸引力；通过定期召开以 DEMO 展示为主体的大型研讨会议，对交易内容的质量进行了必要的把控；通过允许最高级别会员企业派遣员工进驻媒介实验室的方式，增强了交易双方的交易黏性等。

4. 模式调整自主性高，可以持续迭代

媒介实验室经历了 30 多年的发展还能繁荣至今，这归功于其能根据

历史的演变不断调整模式以适应时代需求。第一次大的调整发生在20世纪90年代，作用于媒介实验室内部。彼时信息技术得到了空前的发展，在各大风险资本的投资热潮面前，许多媒介实验室的老师和学生选择离开实验室自主创办高科技企业。为了避免人才的流失，媒介实验室在研究人员原有的基本工资基础之上增加了实验室股份分红一项，从而使得实验室和其研究人员之间有了充分的利益绑定，顺利渡过了这一危机。第二次大的调整发生在21世纪初，作用于媒介实验室与各大会员企业之间。彼时在互联网泡沫破灭的大背景下，各大会员企业的资金紧缩，其需求转向了离产业化更近的实用型技术而非超早期阶段的新兴技术。为了保障企业的资金支持，媒介实验室决定将其研究方向调整为更多向企业感兴趣的领域倾斜，并推出了诸如将DEMO展示环节涉及内容由概念展示提升至产品原型展示等具体举措。这两次大的调整均由彼时媒介实验室负责人从上至下的改革所推进，这得益于媒介实验室高度组织化的管理模式和模式本身所具有的灵活性与可调整性。

模式的可持续性

一个好的模式不仅能够提高整体的价值空间，至关重要的一点在于模式的可持续性，这需要使所有的利益相关者愿意参与到模式中，提高其离开本模式的机会成本。媒介实验室模式可持续性较高，体现在以下几个方面。

1. 专注研究的机制提高了研究人员的创新效率

媒介实验室的教师普遍没有本科生课程的任教工作且其研究生课程的要求相对较低，承担了较轻的教学压力，从而保证了其有充足的时间投入科研和交流。在具体的事务层面，媒介实验室的教师往往不承担具体科研上的执行工作而主要是把握方向或向学生提供思路，为了保证其时刻保持前沿的学术视角，媒介实验室的教师会在全球范围内进行广泛的学术交流并与业界密切互动：一个媒介实验室的教师平均每月会为此进入位于波士顿的罗根机场6次以上。

2. 合理的资金管理方式减少了研究束缚

研究经费的管理是一个重要的问题，决定了科研人员的积极性和研究结果的导向。本模式的关键在于，管理委员会统一管理与分配各个研究小组的研究经费，解决了传统产学研中所面临的两个主要问题：①资金申请难。在这样的机制下，媒介实验室聚集了各个科研小组的资源和研究能力，整体向各大会员企业收取相对固定的会员费及其他类型的资助，从而保障了其有充分的背书获得足够的科研经费。如此一来，便极大地减轻了各小组负责教师在资金申请方面面临的压力和负担，保障其有更加充足的时间投入其核心业务，即科研与交流。②学术自由受限。超早期科研探究的定位对学术自由提出了更高的要求，媒介实验室为了解决这一问题采取了资金分配至各小组负责人和各个研究小组而非具体项目的做法，从而将在科研方向上更大的自由度给予了真正懂得科研的研究人员，同时保留了资金最终流向的决定权，在给予充分自由度的同时也做到了对于研究风险的合理把控。

3. 创新激励机制提高了人员留存机会

媒介实验室模式本身立足于其主要研究人员在学术和工业界的声望，因此如何保障其内部成员获得充分的利益并由此有足够多的科研投入便成了重要的问题。针对此问题，媒介实验室在传统的基本工资以外，借鉴了现代企业的运作方式，将实验室股份的一部分利润分红给各个研究人员，从而使其研究人员得以有充足的动力开展同时具有学术创新性与产业应用价值的前沿研究，并在很大程度上降低了其研究人员离开实验室自主创业的意愿，保证了对优秀人才的聚集和留存。

4. 精准多样的企业选择保证了持续而准确的需求输入

媒介实验室的各大会员企业均为耐克、谷歌、福特、麦肯锡一类的全球知名头部企业。因为只有此类头部企业才对行业新兴技术有真正迫切的刚需，有足够的资本以与媒介实验室合作的方式对行业新兴技术进行投资，并拥有其所在行业的充足资源和洞察前沿需求的能力，从而能够和媒介实验室形成真正意义上的合作共赢。此外，相较于其他规模的企业而言，头部企业对其所处行业有着较好的洞察力，这也保证了其需求可以对应更为确定和广泛的市场价值。

单个企业的赞助能力往往会随着企业自身处于不同的发展阶段而产生变化；同行业企业的赞助能力则会随行业固有周期发生波动。针对此问题，媒介实验室的赞助商由 80 余家分属于不同行业的头部企业构成，从而在最大程度上解决了交易资金的稳定性问题。

5.专利使用共享化形成知识基础设施

媒介实验室各大会员企业同时享有媒介实验室各个项目组所产生的所有专利的免费使用权。这一举措一方面平摊了企业自身的交易风险：单个研究小组有时难免会出现研究成果"难产"的情况，此时其他研究小组的成果共享便可在最大程度上分散这一潜在风险和隐患；另一方面需要企业不必依赖专利所有权产生的排他性来保障自己的行业优势，对赞助企业本身做了初步的筛选，保障了其所提供资金的稳定性与可靠性。对于研究小组而言，这一机制降低了研究小组进入媒介实验室模式转换过程的成本。

第五节　媒介实验室的成功案例

电子墨水是诞生于媒介实验室的一项知名发明，现如今广泛应用于如亚马逊公司 Kindle 产品等的电子阅读器中。以下以电子墨水为例，阐释一个媒介实验室的技术从诞生到最终实现商业化的全过程。

在需求发现阶段，电子墨水的起源是媒介实验室的约瑟夫·雅各布森（Joseph Jacobson）教授基于自身对阅读者消费体验的深刻洞察，发现了结合纸张与显示屏优点的互补式需求：一方面，纸张式书籍的阅读体验更佳；另一方面，显示屏具有便携性、可重复性等诸多优点（阶段 1：发现行业痛点）。在此基础之上，雅各布森教授明确了仿纸张新型显示屏技术的三点技术要求：屏幕不发光、倾斜时仍可看到文字、使用极少的电力驱动（阶段 2、3：提出并明确新技术需求）。

在紧接着的创新探索阶段，雅各布森教授首先利用媒介实验室的平台招募了两名本科生科米斯基和阿尔伯特来具体执行这一项目。经过大量的资料查阅后，他们确定了具体的研究方向：改用悬浮在油中，同时含有带正电荷的白色颗粒（由二氧化钛组成）和带负电荷的黑色颗粒（由炭黑组成）的微胶囊取代液晶填充至两块玻璃板内（阶段4：判断需求可行性、选择研发方向）。需要特别指出的是，这一方案一开始遭到了材料科学和化学工程专家的质疑：他们普遍认为无法将黑白对立的正负粒子同时装入一个微胶囊内。然而科米斯基和阿尔伯特深入学习微胶囊的基础知识之后，更加坚信这一方向的正确，并阅读了许多相关的专利以汲取灵感。最终，在大量失败的实验之后，二人于1997年1月23日凌晨两三点左右，终于第一次做出了违反传统智慧的实验结果：将微胶囊放置于载玻片上的两个铜电极之间，并利用外部电场实现了对微胶囊内粒子的控制（阶段5：研发新技术；阶段6：完成DEMO产品）。

此时，媒介实验室在电子墨水的研发项目中已经完成其使命，接下来则是技术落地阶段。与常见的会员企业进行技术市场化的情形不同，雅各布森教授、科米斯基、阿尔伯特和其他合作伙伴随后成立了EInk创业公司来进一步改进其技术，超越概念验证来为商业市场做准备（阶段7：定义可供销售的产品或服务）。在之后的漫长岁月里，第一台正式使用电子墨水技术的电子阅读器来自2004年索尼公司的产品（阶段8：产品或服务的工厂化生产）。在这一团队首次提出"电子墨水"概念的10年之后，这项技术最终在亚马逊公司的Kindle产品上获得了广泛的商业成功（阶段9：营销并销售获利）。

从这个案例中，我们可以总结出三个亮点。首先，媒介实验室的教授和企业对新技术有深刻的洞察和研判：如果没有雅各布森教授对于纸质书阅读者的洞察，就难以定义电子墨水技术需要突破的难点。其次，媒介实验室具备世界一流的创新能力，这使得新技术在被清晰定义后，能有一流的团队进行技术攻关，从而增大了新技术难题被顺利攻克的可能性。最后，新技术在面临技术落地时有多种选择，既可以由相关会员单位继续进行持续研发，也可以由创始团队进行商业化运作。电子墨水案例很好地说明了麻省理工学院媒介实验室在超新技术的探索和创新上的成功，也佐证了其商业模式设计的优越性。

CHAPTER 10

第十章

OTL
——斯坦福大学技术许可办公室

第一节　OTL 案例背景与商业模式简介

高校作为创新资源的重要产生地，如何将高校科研产生的早期研究成果通过专利转化等形式与需要的企业对接，实现商业化是产学研合作的一大难题。根据《清华大学专利信息年报》可知，2020 年清华大学授权专利 9812 件，实现转化的有 129 项，转化比例仅为 1.3%，而同年斯坦福大学专利转化率超 25%，依旧拉开了较大的差距。斯坦福大学专利转化方面取得巨大成功的原因之一正是其设置了斯坦福大学技术许可办公室（Office of Technology Licensing，OTL）。

技术许可办公室（OTL）是美国研究型高校在高校内部设置的机构，以帮助大学进行专利管理与专利转化。OTL 的主要职责是收集研究人员在科研过程中产生的前期专利，进行评估，判断其商业价值，对具有商业化潜力的发明向发明人提出建议，帮助其申请专利，寻找合适的专利许可企业,并签订专利许可协议。下文中提及的 OTL 一词均指技术许可办公室及与其结构相似的高校内部为实现技术转化建立的独立中介机构。

组织结构

OTL 一般采取扁平化的组织形式,除了主任、副主任外,各分部门分别在专利转化的不同阶段承担各自的工作。以斯坦福大学的技术许可办公室为例,截至 2017 年 7 月,工作人员共 51 人,其中负责 OTL 总体规划管理的主任 1 人,副主任 2 人;下属包括技术许可经理、许可联络员、许可专员、产业合同办公室、合规管理人员和专利代理人等。技术许可经理负责提供对各自专业领域技术许可过程的专业知识;许可联络员负责为 OTL 申请或即将申请的专利寻找合适的目标企业,进行市场营销;许可专员负责对发明的潜力进行评估和分析;产业合同办公室负责与企业商定协议内容,签订协议;合规管理人员负责发明的政府合规事宜;专利代理人负责专利维护工作。OTL 各部门分别负责模式交易内容中的不同步骤,对专利领域的学术能力和面向市场的营销能力都有较高的要求,通常相关岗位的任职人员必须具有专业背景和多年在商业规划、投资、专业代理等领域的经验。

OTL 商业模式

OTL 商业模式如图 10-1 所示。

OTL 的业务活动流程主要分为六个环节(见图 10-2),分别为发明披露、发明评估、专利申请、市场营销、谈判协议、监督执行。我们可以将市场营销之前视为对内阶段,市场营销及以后视为对外阶段。

在对内阶段,首要的就是要求教授进行发明披露,其主要原因是对资助者及高校权益的保护。在收到教职人员对发明披露的报告后,OTL 内部会分配一名负责此专利的许可专员参与专利转化的全过程。同时,技术许可经理和许可专员对专利进行评估,并且了解市场企业对此专利的接受程度和意见。在发明评估阶段,OTL 中对此新发明非常感兴趣的企业可以在此阶段认领此专利，与 OTL 签订协议，承担专利申请费用，获取专利的使用权或所有权。在确认市场后，OTL 会运用内部或企业资助的资金，负担高昂的专利申请费用（初次申请费用为 7000～12000 美元，使用期限内费用为 30000～45000 美元）。

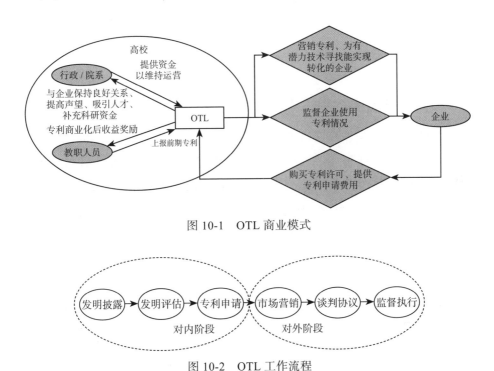

图 10-1　OTL 商业模式

图 10-2　OTL 工作流程

对外阶段指的是在专利申请后 OTL 将专利与市场对接的阶段，亦可切分为市场营销、谈判协议以及监督执行三个环节。经过初步评估确认发明人提出的专利的发展潜力后，OTL 会就此发明与潜在客户进行接触，说明发明的技术优势以吸引客户。确定专利许可对象后，许可专员会与企业商讨专利许可的具体形式。一般而言，OTL 的专利许可协议都有相应的模板，只需要针对具体企业进行细节条款的商谈。合作条款一般需要明确以下 3 点。①专利许可的类型。许可类型包括独占型、非独占型和选择权型。选择独占型或非独占型取决于选择独占是否会形成垄断或影响相关技术的进一步发展。②双方对专利需要履行的责任。③许可费用的支付形式，其具体形式在利益分配部分有更详细的介绍。

签订具体协议并不是 OTL 与企业交易内容的结束，而是高校与企业建立长期合作关系的开始。在专利使用授权或专利转让后，通过获取企业关于专利的财务报告，OTL 的许可联络员会监督协议完成情况，并密切关注企业的专利需求，向企业推荐新的发明。

利益分配

1. OTL 与企业的利益分配

OTL 在与企业签订许可协议时，会对许可费的支付形式进行商讨和约定，一般采用现金或股权的方式支付许可费。根据企业的具体情况，如企业的发展阶段、企业是否与研发此技术的校友相关、企业运用此专利的发展前景等，OTL 会选择不同的许可费形式，主要包括签约费（直接购买专利许可权）、基于销售的许可使用费/最低年费、基于进程付费等（见表 10-1），通过设计收支方式控制交易风险。

表 10-1 不同许可费形式的一般适用范围

许可费形式	适用范围
签约费	适用技术：风险较小，能明确技术转移能为企业带来确定收益的专利 适用企业：规模较大的成熟企业，具有较充足的资金用于支付固定的许可费用
基于销售的许可使用费/最低年费	适用技术：市场潜力较大，但具有一定商业化难度的技术 适用企业：规模较小的初创型企业，OTL 依据技术衍生出产品的销售情况进行提成或收取阶梯式费用
基于进程付费	适用技术：研发风险较大，不一定能产出企业需要的技术的专利。企业与 OTL 商定研发过程中的里程碑事件，按研发进度付费 适用企业：对技术市场化前景持观望态度，希望利用里程碑事件确定投入资源的企业

2. 高校与教职人员的利益分配

由于教职人员产出的成果归大学所有以及申请专利的高昂成本等原因，如果缺乏对教职人员的激励，教职人员将更倾向于产出论文类成果以帮助提升教职称号。因此，美国高校往往对经过 OTL 实现专利转化的教职人员提供与专利许可收益成正比的收益。对于许可费为现金和股权时的利益分配政策有一定的差异，但总体而言大部分高校采取"三三三"原则。以斯坦福大学为例，去除 OTL 运营成本（收益的 15%）后，对于现金类收益，高校、院系、发明人按 1∶1∶1 的比例分配；对于股权类收益，则发明人与高校和院系按 1∶2 的方式进行分配。发明人分得的收入一般不会被实际领取，而是用于其他学术用途，作为不受使用限制的研究经费。OTL 采取"三三三"原则体现了高校、学院、教授、OTL 四者在技术转移过程中投入的资源能力和交易内容在交易所得上的分配关系。高校和院系为科研人员提供进行科研研究的环境、吸引企业资助研究的品牌效应以及参与研发的学生等人力资源；教授付出了脑力资源以及产出成果的知识产权；OTL 为专利转化提供了从高校到企业的连接渠道，获取许可收入中的一部分以维持 OTL 的持续运营。

第二节　OTL 商业模式的价值空间

在魏朱商业模式分析系统中，我们定义价值增值的计算公式为

$$价值增值 = 交易价值 \times (1-交易风险概率_1) - 交易成本 \times (1-交易风险概率_2) - 货币成本 \times (1-交易风险概率_3)$$

通过模式设计，我们希望能增加利益相关者在交易结构中的交易价值，降低交易成本，减少交易风险，实现价值空间的增值。下面将从高校、企业、教授三个维度说明 OTL 模式对参与的利益相关者价值空间的影响。

OTL 使高校的资源能力得到充分交易，增加了商业模式中的交易价值

在 OTL 商业模式中，在高校内部设置了 OTL 这一内部机构，作为财务独立的利益相关者，发挥了发明人（教职人员）与企业通过发明进行连接的中介作用，增加了 OTL 模式中的交易价值。以往高校缺少具有商业化经验的人才参与校企合作，导致高校与企业的需求难以结合，最终

导致科研产出的成果实用性不高，投入产出比较低；许多具有发展潜力的项目无法被企业发现，得不到资金支持以跨越从早期科研到商业化产品的鸿沟。通过建立 OTL 机构，高校将与企业结合进行专利转化的交易活动进行更细化的分工，教授承担科研任务，负责产出成果；OTL 将各领域科研产生的初步成果通过发明披露进行了整合，并且由专业知识和商业经验兼备的专业人员进行评估，保证科研项目的产出能经过产业视角审视，并在科研阶段就向企业需求靠拢。以斯坦福大学 OTL 为例，在 OTL 的帮助下，大约 10% 的发明会产生显著收入，仅在 2020 财年就为斯坦福大学带来超过 1.14 亿美元的许可收入。

OTL 模式激励教职人员进行专利转化，提高了教授科研成果与企业需求的匹配程度

OTL 模式为教职人员提供了完善、明确的利益分配，帮助教职人员能以合规的方式，不需要参与过多与企业的联系就能将科研成果转化，获取物质奖励。由于《拜杜法案》，教职人员通过科研活动产出的成果的所有权归高校所有，高校在机制上无须为教授提供额外奖励。也有少部分教授会通过私下形式将科研成果转让给其他企业，但这种方式不合规，教授需要承担较大的风险。因此，如果缺少 OTL 模式设计，教授可能缺少对产出专利或实用性较高的成果的激励，而会倾向于产出论文类成果以帮助其获取职称。OTL 模式下，教授无须承担专利转化的风险，也不需要为专利转化分散精力。同时，教授可以在此模式中通过分成获取收益，产出专利或发明成果的积极性得到了物质上的激励。进一步，系与学院的研发资金也得到补充，发明人的研究得到进一步支持，形成良性循环。

另外，OTL 模式通过在研发的过程和结果两个方向对教授的研究进行引导，使高校教授研究产出的成果能更好地与企业需求匹配。在研发的过程中，如果教授希望研究结果进行商业化，会主动向 OTL 进行初步披露。此时 OTL 可以与教授沟通，并联系潜在的需求企业，在技术的进一步研究中向企业需求靠拢。从结果来看，如果教授研究商业化程度

较低，则难以利用 OTL 进行技术转化，从而难以获得外部研发经费的支持，进而影响研究投入水平。尽管美国高校十分重视专利转化，提供了许多便于实现成果从实验室到产业的转化渠道，但是大多数大学并不把专利视为雇用、获得终身职位或提升的重要前提，而只是看作额外的一部分研究成果，但由此而获得的科研资助和相应的重要的发表物仍然是评估教师的主要方面。

OTL 减少了高校与企业的交易成本，并通过风险分配机制降低了企业参与研发的风险

OTL 模式中，企业通过 OTL 获得与学校进行持续交易的触点，在通过专利许可建立联系后可以进行更多维度深层次的交易，提高企业与高校交易的稳定性，为学校科研经费提供稳定的来源。对于转让专利后的企业，许可联络员会继续了解该专利在企业的应用情况，将其列入潜在专利许可企业中。企业也可通过 OTL 网址或许可联络员寻求与学校建立更深度的合作，打破了以往基于项目、问题的合作方式。高校出于自身性质，承担不确定性较大的基础研究、理论研究部分；企业从高校获取初步成果，承担风险较小的市场化、商业化研发部分，并负责市场需求发现和销售。稳定的合作方式降低了企业与高校合作时进行协商沟通的交易成本，并利用高校承担高风险的基础研究工作，通过风险分配降低了企业参与研发过程的风险。在 2020 年一年间，斯坦福大学 OTL 就签订了 2300 份新的产业研究协议、390 份资助研究协议。考虑到斯坦福大学 OTL 不超过 50 人的规模，能高效地签订大量的协议应该归功于利用了 OTL 与企业建立的良好关系和过往的合作经验。

第三节　OTL 商业模式的局限性

OTL 模式对品牌势能要求较高，部分高校将其作为成本中心建设

对于科研水平较高且可以持续产出能进行商业化、潜力强的专利的

高校，其 OTL 作为一个独立的机构可以实现财务独立，但大部分美国高校 OTL 在依靠学校"输血"的情况下仅能维持收支平衡，还需要学校提供资金支持以保证运行。Walsh 研究发现，除了成功的技术转移办公室外，其他的技术办公室都是在亏本的状态下运营的。Heisey 在《技术转移》(*The Journal of Technology Transfer*) 期刊上发表的论文中根据 1991—2003 年 192 所大学的数据指出，对其中那些自称 OTL 运行有效的大学而言，专利许可收入占研究支出的比例仅占研究支出的 1% 左右。

尽管许多高校需要为维持 OTL 持续运营提供资金支持，但这并不代表 OTL 模式在高校中的实用性较差。许多美国高校通过建立 OTL 类型的机构以提高学校对教职人员的吸引力，推动区域经济发展。一些州立大学的技术转移办公室更倾向于将专利许可给本州的企业，以增加学校在区域的影响力，考虑到美国私立大学的经费来源主要是捐赠收入，这一点还是很重要的。另外，OTL 的服务可作为学校招聘政策的一部分，让教职人员参与商业化过程中，并有利于招聘和留住学术人才。

教职人员可能会绕过 OTL 机构向企业自行转让知识产权

在制度上，美国政府对高校专利所有权以及转让中的权利归属进行了明确的规定。具体来说，《拜杜法案》将政府经费投入支持的项目所产出的成果，归研发单位所有，但必须申请专利并进行专利转化，而专利发明人有权获得专利许可收益。同时，大部分高校对教授在研发中产生的职务发明的归属做了规定，教授在工作期间产出的所有专利归属高校所有。

虽然法律上规定高校教授在资助项目中产出的项目的所有权归属资助方和高校，同时 OTL 对教师进行发明披露的行为会进行常规性的培训和联络，但仍有很多发明绕过 OTL 向企业自行转让。Thursby 等人研究了大学教师作为发明人的 5811 项专利，发现只有 62.4% 的专利向大学披露。Fini 分析了 11572 名教授的样本，发现从企业角度，约三分之二由学术界创立的企业并不是基于学校的披露和专利；682 名开始创业的教师中，有 23.6% 的教师没有经过学校的 OTL 进行专利转化。绕过 OTL 转化的方式会使高校获得发明的数量有限，同时商业潜力强的发明往往转让难度也低，很多发明会通过教职人员私下转让的方式实现转让，这也大大减少了 OTL 接收到的有商业潜力的发明披露的数量。

OTL 模式仅涉及存量技术管理，不促进增量技术质量的提升

OTL 模式主要涉及的业务流程环节为技术转让，其并不涉及技术本身选题的选取以及研发的过程。故可以总结为，OTL 促进了已有专利的转让，提高了存量技术创造价值的能力，但并未针对高校的增量技术质量进行管理。高校在产学研方面普遍面临距离市场较远、不充分理解市场需求痛点的问题。OTL 作为更加了解市场需求的一方，有能力对高校实验室的研发选题进行引导，使其有针对性地投入更具有后续开发潜力的市场导向的基础研究和应用研究。从这个角度讲，OTL 的共生体结构仍有完善的空间，共生体效率有提升潜力。

OTL 模式成功案例——以斯坦福大学为例

斯坦福大学是美国最早开始 OTL 实践的高校，也是目前来说成果最佳的高校之一。斯坦福大学的 OTL 始建于 1968 年底，在建立 OTL 前，美国高校主要采取建立基金会或委托给外部研究公司实现专利转化，而非自主建立与企业联系将发明商业化的能力。建立 OTL 的第一年就帮助斯坦福大学取得了超过之前 10 多年总收入 10 倍的专利许可收入，于是这一机构延续至今并被许多高校效仿。

截至 2020 年，斯坦福 OTL 在职人员共 47 人，已经为斯坦福教职人员申请了 2117 个专利，转让了 3685 项技术。在 2020 年一年间通过技术许可获得的收益超过 1.14 亿美元，许可技术 10058 项，其中许可费超过 10 万美元的技术 42 项，超过 100 万美元的技术 9 项。1996 年，OTL 出资 300 万美元成立 OTL 激励基金，此后每年平均投入 180 万美元，支持历史、文学、教育等领域的助理教授进行学术研究，进一步孵化有商

业前景但尚未实现商业转让的技术，从而提高发明的实用性和商业潜力。院系和校方获得的收益也会通过建立"OTL研究生奖学金"等方式反哺到学生培养和教师科研中。斯坦福OTL不仅帮助学校科研成果商业化，实现推动社会经济发展的社会责任，还对校内研究发展和学生培育起到了促进作用，形成了"投入研发—成果转化—转让收入再研发"的良性循环。

OTL商业模式总结

OTL作为美国产学研体系中高校与企业进行知识产权、发明转化的重要中间机构，通过承担为科研成果商业化寻找合适企业的角色，形成了程序化的步骤，并为过程中可能存在的问题设计了相应的政策规定。通过OTL模式，高校提高了科研成果的利用率，顺利地将科研与产业结合；教授可以专注于科研，不需要将精力浪费在寻找研究结果产业化的工作上，并且能从科研成果获得收益，还可以持续获取科研投入需要的资金；企业得到了获取高校科研成果的便捷渠道，与高校建立了持续的关系。同时，OTL模式标准性高，易于学习和模仿，许多高校基于斯坦福大学OTL的模板根据学校具体情况进行调整，提高了科研成果专利化和产业化的成功率。

参考文献

[1] 张盼盼.美国公立研究型大学技术转移的OTL模式研究[D].杭州：浙江大学，2017.

[2] 隆云滔，张富娟，杨国梁.斯坦福大学技术转移运转模式研究及启示[J].科技管理研究，2018，38（15）：120-126.

[3] 赵丹丹.斯坦福大学技术许可办公室运转机制的研究[D].北京：首都师范大学，2014.

CHAPTER 11

第十一章

DARPA
——美国国防高级研究计划局

第一节　DARPA 商业模式简介

组织简介

美国国防高级研究计划局（Defense Advanced Research Projects Agency，DARPA）成立于 1958 年，是美国国防部下设，负责美军高技术预研工作的技术管理部门，其使命是对涉及国家安全的突破性技术进行关键性投资。DARPA 国防科学办公室前主任杰伊·施尼策尔曾说，DARPA 的职责是创造未来，而非理解或预测未来，足以见其前瞻性和开拓精神。DARPA 主导了大量高风险的前瞻性项目，如互联网、Siri、GPS（全球定位系统）、隐形战机等革命性技术，取得了丰厚的回报。

DARPA 一直是美国国防部最核心的研发部门，能够持续获取丰厚的经费支持。因其开拓超精尖技术研究的非凡成就，始终被国防部寄予厚望。尽管2011年以来，美国政府预算和国防科研经费削减，DARPA仍然能获得每年约30亿美元的预算并持续增长，占美军预研经费总量的23%。对比来看，从2007年开始正式运营的美国能源部类DARPA（ARPA-E）每年得到的拨款约为4亿美元，足见联邦政府与国防部对于DARPA的重视程度。DARPA在6个技术办公室拥有大约220名政府雇员，其中包括近100名项目经理，共同管理大约250个研究和开发项目，每个项目官员每年管理规模在1000万～5000万美元不等。

DARPA专注于为美国带来战略优势的革命性创新。这类创新可能带来丰厚收益，但同时也存在着技术实现难度大，巨额时间和资金投入付诸东流等较高的风险。然而，DARPA通过独特的以项目经理为中心的模式设计，成功地降低和配置了风险，并利用自身资源能力助推技术和产品高效商业化，从而实现了在高风险领域持续稳定输出创新并撬动高回报的商业模式。

DARPA商业模式与业务流程

DARPA商业模式如图11-1所示。

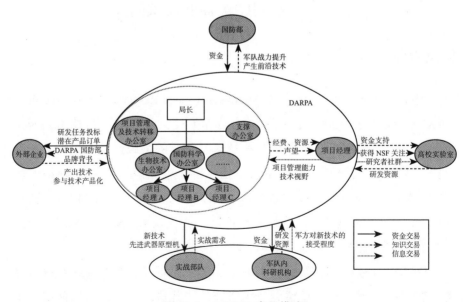

图11-1　DARPA商业模式

DARPA 项目的业务流程如图 11-2 所示。

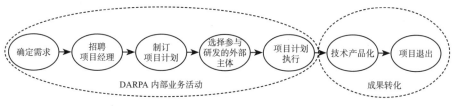

图 11-2　DARPA 项目的业务流程

DARPA 对于其资助的研究项目建立了确定需求—招聘项目经理—制订项目计划—选择参与研发的外部主体—项目计划执行的内部业务活动流程，项目的发起是军方确定实战中的需求，基于该技术方向聘请项目经理，由经理制订项目计划，得到 DARPA 局长通过后在经理主导下完成项目参与主体的选择和项目研发的推进，带有明确需求地完成从基础研究到实用性较强研究的转化。DARPA 在完成项目既定的目标后，通过技术产品化制造原型机，进一步验证技术可行性，最后以市场化等机制退出对项目的资助和管理，使研究成果进入市场。

1. 确定需求

DARPA 作为美国国防部的预研机构，其研发优先服务于军队的需求，需要与军队建立密切联系，基于实际需求或战略拓展需要开展工作。为此 DARPA 建立了国防科学研究理事会（DARPA-DSRC，以下简称 DSRC），成员包括数十名顶尖科学家和工程师以及 DARPA 项目官员。DSRC 成员可以获得访问军营、观摩军事训练、参与作战模拟演练的机会，并与军队高层进行访谈，了解军队在实战中产生的技术需求。每年 7 月，该理事会将会召开一个月左右的会议，讨论事先由 DSRC 核心成员确定的技术发展方向，为之后一年开启的新项目确定大方向。DARPA 聚集的科学家外脑为军队需求产品化提供了学术前沿的视角，并保证 DARPA 开展的项目能明确指向军队的需求，提高了项目的实用性。

2. 招聘项目经理

DARPA 对基础研究的支持方式主要是项目经理制，即项目经理不仅要基于军队需求制订研究计划，处理预算，寻找外部利益相关者承担研究的职能，还需要监督子课题执行者，管理技术细节，监督计划执行，并在计划的不同阶段做出重要决策，如放弃某些研究方向，增加预算或放弃某些功能等。可以说，项目经理是项目能否成功的关键，他不仅需要从学术上了解实现需求相关的尖端技术，以选择合适的技术路线，还需要有强大的项目管理能力，监督参与研发的各利益相关者，并设置阶段性目标，进行项目评估。

正因为对项目经理的能力有着极高的要求，DARPA 对项目经理的招聘相比于其他国防部机构更加灵活，可以不严格遵循政府工作人员的管理规定，招聘来自学术界、产业、非营利组织、政府机构的人才。项目经理的招募渠道主要包括各办公室在网站上发布招聘广告、从参与过项目的优秀科研人员中择优、项目经理相互推荐以及猎头公司猎选。符合要求的优秀人才往往也愿意成为项目经理。一方面，DARPA 为项目经理提供了极为充足的资金支持和相对宽松的工作环境。DARPA 对未必能看到未来前景的项目具有较高的容忍度，认为这类项目具有开创性意义，因此吸引了许多拥有超前视角但无法获得高校、风投资助的科学家。对于拥有明确前景、需要资金支持的项目，DARPA 能提供充足的资金支持以及潜在的军方市场。DARPA 资助单个项目的最低额度为 500 万美元，而需要大量资金且已取得阶段性成果的项目，如 XS-1 飞行器项目，DARPA 在第一阶段投入 1400 万美元后，第二、三阶段追加了预计为 1.4 亿美元的投入以确保项目成功。另一方面，DARPA 积累的声誉让成为其项目经理本身就是一项荣誉，并且 DARPA 与军方、NSF 的密切关系使项目成果不论从学术领域发表论文还是从商业领域获得军方采购背书，都能为项目经理带来大量收益。

DARPA 要求项目经理在应聘时，需要先在 DARPA 公布的方向中选择自己希望建立项目的方向，并向 DARPA 递交求职信，回答有关希望成立的项目、技术背景、实现方式、项目新颖性、项目规划、项目资金和人事选择、项目完成指标等问题。DARPA 本身并不会确定所有的研究方向，而是确定大方向后由 DARPA 办公室主任招聘项目经理人，为经理人提供宽松的工作环境和充足的资源，利用项目经理自身的能力推动项目研发。因此，许多科学家或工程师带有明确的目标与愿景应聘 DARPA 的项目经理，而 DARPA 在招聘中通过以上问题考察应聘者是否拥有成为合格项目经理的能力。项目经理的任命周期与项目绑定，随着项目的完成，项目经理也退出 DARPA，这保证 DARPA 的项目经理们能不断获取新思想，进行颠覆性技术的研发。

3. 制订项目计划

正式确定项目经理后，经理需要对应聘期间准备的初步的项目计划进行进一步细化。为此，DARPA 设立了专门的办公室以提供安全、法律和合同问题、财务、人力资源、通信方面的帮助。项目经理会与 DSRC 成员交流，到高校实验室实地考察，以了解不同的技术路线。除此之外，项目经理也会通过专家研讨会和概念证明会议向军队联系人阐述自己的计划，接收军队联络人的建议，了解美国目前和未来要应对的军事挑战。通过与学术界和军方的信息交流，DARPA 服务军队需求的使命愿景和项目经理个人实现科研目标的需求两者得到了匹配。项目经理就完善的计划向 DARPA 办公室主任汇报，得到批准后项目开始正式实施。

4. 选择参与研发的外部主体

DARPA 采取轻资产的商业模式，自身并不建立任何实验室，一般采取外包给高校实验室或初创企业、签订阶段性合同的形式，由外部利益相关者承担研发任务。项目经理一般通过项目招标或利用 DARPA 之前项目积累的与实验室的合作资源寻找合适的外部利益相关者。由于大部分项目经理本身来自高校或企业，因此项目经理也可以利用自身资源对相关科研人员进行资助，而不通过评审程序。

5. 项目计划执行

DARPA 项目一般采取分阶段资助和验收的方式进行项目管理，即项目启动时项目经理就需要将最终成果拆分成阶段性目标。参与研究的机构需要在规定的阶段前完成阶段性目标，经项目经理和 DARPA 局长审批通过，才可获得下一阶段的资助。为了提高项目的成功率和投入资金的利用率，一般在第一阶段会同时赞助多个潜在的技术路线，为多个研究主体提供相对小额度的经费支持，而在实现阶段性目标后才会加大投入，集中支持一条或少数技术路线。因此，在项目执行阶段，项目经理的职责是通过听取研究组内部的讨论会，了解项目完成情况，对各研究主题进行监督和审批，并决定技术路线的选择和不同技术路线的投入。

受 DARPA 资助的项目组按研究路线不同会细分为不同的研究组，研究组每周举行讨论会，各研究组之间每季度举行联席会议。在会议上不同研究路线的研究组需要分享研究思路和工作进展，避免重复研究，并促进不同研究组之间的技术合作。项目经理通过参与讨论会、联席会议等了解研究组的研发进度，可以随时取消原定的技术路线，经合同管理办公室、技术办公室及相关授权人同意，项目经理也可以追加、调整课题经费，合并、终止课题。

项目官员每个季度向 DARPA 局长汇报项目进展，每年进行一次详细汇报，保证 DARPA 局长能够全面了解所有项目的进展。在微观管理上，DARPA 也设置包括评审细则、财务审价定价、资助合同谈判和过程中的财务进展与技术进展协同报告等措施监管项目的非技术风险，保证项目经理能更好地进行项目管理，并尽量避免项目经理进行权力寻租。

6. 技术产品化

DARPA 从事的将基础研究到对某需求的应用研究的项目过程被称为第一阶段，除了在项目进行阶段即被终止的项目外，一般第一阶段的持续时长为 4～6 年。随后，由技术办公室主任和局长共同做出项目技术有无前景、是否能成功孵化出产品，以及能否进入第二阶段的决定。

在此阶段，DARPA 一般与高技术公司或初创企业签订合同，第一阶段参与研发的研究者，如高校等作为企业的合作者，帮助企业利用技术生产出原型机，验证技术的可行性。此阶段 DARPA 起到桥梁作用，帮助研究成果找到高技术公司进行技术培育。此阶段如果缺少 DARPA 对技术转化的支持，大部分企业可能会由于技术转化风险过大，未必能得出市场化产品而不愿参加，而 DARPA 的背书和资金支持则提高了企业参与原型机制造的积极性。技术培育产生的原型机并不一定具有很强的实用性或能直接投入军队使用或民用产品中，需要在第三阶段由军方和企业共同合作进一步形成可用的产品。

7. 项目退出

经过技术产品化与外部企业合作，验证了技术的实用性后，军事意义较强的技术会转移给相关军方，军方再通过招标的方式，与第二阶段参与技术产品化的企业投标签订合同，改进原型机，投入使用。在第三阶段，DARPA 起到推动军队使用新技术以及说服第二阶段企业与军队合作，产出具体可用的产品的作用。

对于不同类型的技术成果，DARPA 对基础类型技术、元件和小型系统技术和大型综合系统级技术三类设置了不同的项目退出流程。基础类型技术难以投入实际军事应用，主要转化成果为学术论文。DARPA 通过学术论文的发表为国家科学基金会（NSF）提供第三方验证，证明技术的重要意义，由 NSF 等组织承担后续对研究的支持。

对于元件和小型系统技术，DARPA 会将技术交由军方研究机构承担后续研发任务，帮助产品直接对接军方需求，技术成熟后由军方推动技术民用化。对于大型综合系统级技术，由于风险较高，第二阶段结束后 DARPA 即将原型机交由军方进行下一步研发，以获得更充足的资金支持和与需求的匹配。

对于军方对新技术接受程度较低的情况，原因可能是没有适配的战术、资源、组织体系。对此，DARPA 可以通过国防部强力推行新技术进入采办程序，如针对新技术成立部门，开发新技术要求配备的新规程，如实验平台、作战实用性能；或直接将技术推向某军种，形成技术平台，调整已有作战程序以进行适应，此途径最成功的案例即为"隐身战机"项目，该项目通过国防部拨款推动军种使用，空军参与优化，从而融入多军种作战。

DARPA 在项目退出阶段，将成熟技术产品化这一环节的主导权交由外部利益相关者。对于民用技术，DARPA通过投标实现技术市场化，由市场主导技术后续发展；对于军用技术，利用与国防部的关系推动技术在军中的使用，由军方需求主导技术最终的产品化和民用化。

第二节　DARPA商业模式的亮点

在魏朱商业模式分析系统中，我们定义价值增值的计算公式为

$$价值增值 = 交易价值 \times (1-交易风险概率_1) - 交易成本 \times (1-交易风险概率_2) - 货币成本 \times (1-交易风险概率_3)$$

应用在具体DARPA模式中，DARPA利用国防部背景尽可能从成功的高新技术中获取更多的交易价值，并通过项目经理制充分利用研究人员的资源能力，对科研活动进行细化管理，并降低交易成本。为了降低高新技术带来的高风险，DARPA引入了外部利益相关者承担试错风险，从而降低了自身承担的交易风险。上述模式设计结合使DARPA模式从基础科学研究中获得了更多的价值增值，具体DARPA商业模式的亮点可总结为以下三点。

项目经理制下放了决策权，加强了决策的灵活性与效率

在传统的基础研究中，由研究者发现研究需求，自下而上申请资源，资源提供方通过同行评议评价研究者是否对资源进行了合理的使用。资源提供方占据了主导地位，拥有资金、科研设备等资源的配置权，对研究者研究方向、研究内容的审核权，研究成果的评价权，研究者受到来自同行评议和资源获取制度的限制。

DARPA商业模式与之不同，项目的设立基于军方产生的需求，自上而下寻找合适的项目经理，为其充分授权，根据是否实现预设的阶段性目标对项目经理进行评价。DARPA作为资源提供方有资源配置权和评价权，没有研究方向的决策权，而将该权力下放给了项目经理。

DARPA采用项目经理制的原因是其认为，筛选出具有前瞻性意识

和项目管理能力的人才，为其提供充足的资金和自由的科研环境，在人才的主观能动性驱动下能简化大量的管理活动，从而减少对创新的约束，提高科研效率。项目经理在项目进行的过程中几乎不需要向上汇报或请求许可，只需按期提交项目进展情况，由局长决定项目是否需要继续进行。相比于高校中对科研采取的同行评议制，DARPA 主要研究的超精尖技术难以预测长处和进行中间评价，而需要将决策权赋予有大量实际经验的项目经理，通过项目经理细化管理项目的中间结果，基于中间结果进行决策和项目管理。同行评议虽然能降低由于研究者个人决策失误带来的风险，但繁复的同行评议会议、层层报告的决策管理活动、做出决策的责任主体不明等弊端也导致真正高风险的项目难以被推动，对中间结果进行管理的交易成本也较高。

项目经理制给项目经理赋予大量权力的同时，也使项目的成败极大程度地取决于项目经理个人，因此对个人能力和参与项目的积极性提出了极高的要求。DARPA 通过模式设计，保证项目经理本身既具有从事项目领域的专业知识，可以辨识出可行的技术路线帮助推出产品，又有出色的项目管理能力，能同时协调多个外部研发主体为共同的目标进行研发，以保证项目经理本身能胜任这一职位。另外，即使个人能力充足，也存在项目经理消极怠工、权力寻租的风险。为了降低此类风险，一方面，DARPA 为项目经理完成项目提供了充足的激励。通过参与项目，项目经理可以获得大量的资金支持研究项目，获得学术声誉，并且利用 DARPA 背书，更易在之后获得军队和资本市场的资源。另一方面，DARPA 也对项目经理进行了一定的约束，例如一般不允许项目经理身兼多职，并且由项目经理承担项目成败的绝大部分责任，责权匹配使项目经理必须尽可能尽职以保证赋予的权力得到合理的利用。

DARPA 通过项目经理制，充分利用项目经理个人能力进行资源调配，项目认知集中于经理一人，项目成败的责任由经理承担，经理自身承担了对项目中间结果的评价活动，决策速度得到了提高。项目经理决策的准确度取决于个人能力，而项目经理个人能力通过严格的招聘程序得以保证，从而避免了外部对项目不了解的人插手评审带来的决策失误。

研发活动外包使交易风险在利益相关者间重新分配

虽然 DARPA 是国防部重要的预研机构，但自身并不建立实验室，而是利用外部资源，如高校、创业企业等，或军队内部研究所，通过签订合同外包的方式进行研发。DARPA 采取不自建实验室，轻资产运营的主要原因有二。一是因为研究涉猎范围较广，主要面向于解决军队各层面的颠覆性需求，难以具体建设相应学科的实验室。同时，研发外包使 DARPA 能在不同阶段均使用最先进的实验室，符合对尖端技术的需求。二是 DARPA 利用其背靠国防部军队订单这一资源能力，议价能力较强，可以与外部相关者签订阶段性研究合同，只有在外部研发主体完成项目的初步目标或达到项目经理需求后才能获得下一步的研发合同。在研发的早期阶段，DARPA 与高校或初创企业签订的合同甚至一般无法使其获利。即便如此，许多外部主体尤其是创业公司为了在技术成功后获得 DARPA 背书和订单资源，愿意亏本参与早期研发。对于非营利类型的研究主体（如高校），它们也希望从 DARPA 项目获取基础研究成果，因此也愿意通过与 DARPA 合作进入研究者社群，与其他研究主体共同从事该方面研究，对早期无法盈利、承担风险的接受程度更高。

通过研发外包的形式，DARPA 降低了在技术路线选择阶段的投入，将更主要的资金投入到经过前期研究确定可行的技术中，通过这种交易结构的设计，将研发风险分担给了可以接受项目早期失败的外部主体。

多维度复用国防部带来的资源能力，使模式交易价值提高

DARPA 在项目进行的各个阶段，设计了相应的制度以充分利用国防部背景带来的人力资源、技术资源、市场资源等资源能力，形成了在资金、人事、技术转化方面的优势，从而使模式交易价值提高。DARPA 利用国防部的资源能力，也以更低的成本吸引了外部利益相关者（如项目经理、创业企业等）加入生态，从而降低了进行颠覆性创新的成本和风险，并不断产出技术转化的成果。

在项目确定阶段，DARPA 利用国防部的号召力，建立了国防科学研

究理事会，让产学研界前沿人士作为外脑，帮助发掘军队需求和发现技术路线，项目经理也能获得大量实地视察军队、与军队高层调研获取需求的机会。DARPA 利用军方背景建立的强大后勤，也成为对高质量人才出任项目经理的重要吸引力之一。在项目进行阶段，除了利用军方背景吸引外部利益相关者参与外，DARPA 会将部分项目的研发外包给军方内部研究机构，使研发更贴近实战需求，并提高军方对新技术的接受程度，日后产出的原型机能更顺利地被军方接受并采购，降低了技术转化阶段的风险。在成果转化阶段，DARPA 也可以通过国防部，在军队中建立新的下属部门从事技术的军用化，为参与研发的外部相关者带来相对确定的收益来源。DARPA 通过利用国防部带来的资源能力，使产学研合作从简单的拨款支持研究发展为发现需求—发展技术—解决需求—产品转化—军队采购的流程，外部相关者不仅参与了技术研发，还能从军队采购、技术产品化过程中分一杯羹，使模式交易空间扩大，交易价值提高。

第三节 DARPA 的成功案例

高分辨率系统项目是 DARPA 于 1989 年开展的一项旨在通过显示材料和制造工艺的改进，实现显示系统分辨率提高的项目。从项目孵化出的数字化镜像投影技术如今已应用于世界上 80% 的电影院。

DARPA 启动该项目的主要原因是时任局长发现美国在电子制造业方面的核心竞争力正在被日本和欧洲超越，而高清电视技术是一项划时代、有颠覆意义的技术，美国必须在此领域占据优势，并率先制定标准。在项目方向确定后，DARPA 聘请了 Marko Slusarczuk 作为项目经理，他曾工作于联邦资助的国防研究机构，具有相关的军事背景，了解军队对微电子技术的需求；同时他有着材料科学的研究经历，通过与产业内企业的交流可以了解行业发展；他还拥有法学学位，有利于其利用法学知识帮助产品进行商业化。项目经理的复合背景使其能综合技术发展、国防需求、商业需求，监督项目执行。

在项目的执行过程中，DARPA 为项目经理提供了丰富的资源支持，几乎将主导权和决策权全权交给项目经理。DARPA 从三军招募了相关领域的专家,为项目经理从外部企业的 87 份提案中总结出了三条技术路线:适用于指挥部大屏幕和战机驾驶舱的 LCD 技术;适用于地面车辆的 EL 技术和适用于大型船只的 Plasma 技术。项目经理基于自身的技术洞察力,在接受以上意见的同时,第一阶段为德州仪器公司的提案提供了一定的资金支持,认为其公司提出的数字化镜像技术具有巨大的商业前景。随着研究的推进,Slusarczuk 发现原先 DARPA 设计的高清电视项目方向过于局限,限制了相关研究的发展,进而将支持研究的范围扩展至高分辨率显示技术。在 DARPA 的支持下,数字化镜像投影技术的研究产出了原型机,而 DARPA 也在此时退出对德州仪器的支持,由市场力量主导原型机的产品化,由此美国本土的微电子行业得到了支持,推出了数字化镜像技术的相关产品,保持了在行业内的竞争力。

Slusarczuk 认为,项目经理的主要任务有三:一是需要确定项目发展方向,明确最后产出如何满足需求;二是发现目前技术难以实现的难题,提供解决方案;三是帮助技术产品化,项目经理需要发现同行评议所遗漏的,具有巨大潜力却因高风险而没有得到支持的技术路线。在项目经理的工作中,他的决策不受同行评议评判,不需要获得上级许可,也没有明确的必须达到的阶段性目标,只需要按时向上汇报研究进度。项目经理对资金分配、项目进度有着绝对主导权。

在整个项目的进展过程中,国会拨款提供资金支持;国防部为 DARPA 提供军方需求,并邀请相关领域专家作为咨询顾问;产业为 DARPA 提供前沿视角,并通过提交提案以获取潜在资助的方式,承担相关研发活动;DARPA 筛选出合适的项目经理,由项目经理凭个人能力驱动项目取得成果。

第四节　DARPA 商业模式的启示

DARPA 商业模式的成功,正是充分利用军方背景和可供调用的资源,设计了相应的商业模式以重新将高精尖技术研发的风险在利益相关者之间重新分配，并提高了资源的利用效率，将尽量少的资源用于试错，而向真正能带来技术突破的项目投入大量资源。DARPA 利用自身充足资源和自由的工作环境吸引顶尖的人才加入，再赋予其对项目管理极大的权力，承担项目成败的责任，简化官僚体制，为颠覆性创新提供了良好的、尽可能少干扰的环境。但项目经理制并不意味着缺乏监管和风险控制，阶段性目标设置、多条技术路线并行、研发活动外包都让 DARPA 在尽可能尝试问题的不同解法的同时避免技术路线选择错误带来的过高风险。DARPA 商业模式的设计使各利益相关者各司其职，加速了高风险颠覆性技术的产生并提高了从学术前沿到市场产品的转化效率。

CHAPTER 12

第十二章

Biogen
——美国生物技术公司渤建

第一节 Biogen 案例背景

作为一家全球知名的美国生物技术公司，Biogen 成立于 2003 年，其前身是 1978 年在日内瓦成立的 Biogen 公司和 1986 年在加利福尼亚州圣迭戈成立的 Idec 公司。Biogen 的使命是将科学发现转变为人类健康方面的进步，进而为多种疾病治疗药物的研发做出突出贡献。

Biogen 拥有完善的内部组织架构，在各利益相关者之间建立了相互信任机制。此外，Biogen 采用开放式创新的研发模式，注重通过与多方利益相关者合作以增强其现有的能力和渠道，并以此获得差异化的机会。

具体来讲，Biogen 创新研发的模式是与企业、高校以及其他非营利机构通过建立有效的合作关系以达到资源互补的目的，致力于实现为严重未满足需求的患者提供开创性疗法的使命。实现途径是 Biogen 与其他公司建立商业关系，包括合资企业和合作安排，大学和医学研究机构协助 Biogen 的某些产品和候选产品的临床开发和商业化，并为 Biogen 的研究项目提供支持。历经 18 年，Biogen 2020 年总资产超过 246.18 亿美元，经营收入超过 134.44 亿美元，净收益超过 40.60 亿美元，截至 2021 年，总计创造了超过 7800 个就业机会，相比于 2014 年，均实现了 1.14 倍及以上的增长。

第二节　Biogen 商业模式简介

生物制药行业的外部研发创新模式被广泛认为是一个有价值的战略，Biogen 与外部的合作由其外部创新部门管理，其与工业界、学术界和风险投资行业建立了一个全球网络，专注于研究生物医药领域对 Biogen 具有战略意义的新兴科技竞争赛道。外部创新部门积极参与全球学术会议寻找与 Biogen 研究相关的新兴初创公司，还与全球的创新组织建立合作，寻找疾病治疗方法的突破。在具体的合作过程中，Biogen 通过合作条款和流程管理的方式确保各方实现收益和价值创造。

Biogen 与多种利益主体缔结合作关系，展开业务活动、完成协作，包括合作研发新的疾病解决方案、合作展开临床试验、自建基金会促进科学教育发展等，涉及的外部合作方包括高校、企业、医院、公益组织等。其中，Biogen 与研发企业的合作在所有的外部合作中占比最高，成效最大，其模式值得深度研究。

与企业的合作模式

Biogen 的主要研究领域是神经类疾病，包括多发性硬化症、脊髓性肌肉萎缩症、肌肉强直症等。围绕这类疾病，Biogen 在长期的沉淀中积累了强大的药品筛选经验、市场分析能力以及对应的销售渠道，能够比单纯的药品研发公司更准确地判断新药物的市场空间，更低成本地进行全球性的药物推广和销售。因此，我们可以将 Biogen 视为具备领域专业知识和销售能力的产业投资方，遵循创新药的投资逻辑，广泛与神经类药物的研发企业进行深度合作。

自 2000 年 8 月与 Elan Pharma 共同开发多发性硬化症的药物 TYSABRI 以来，Biogen 已经与超过 20 家企业在特定种类的药物研发和市场推广上深度合作，其中并购至少 4 家药品开发企业。综合来说，Biogen 资助合作的企业研发资金，资助其临床前研发项目的研发成本，并且获得产品的特许权使用费和专利权。Biogen 和合作企业分别承担一部分研发成本，通过预付款加里程碑付款的模式共同承担开发成本。在商品的批准和推广中，根据两家企业的优势，选择与美国食品药品监督管理局（FDA）的监管互动与各自的推广地区。Biogen 还会与合作企业合资建立企业，共同完成药物研发与生产制造。

我们将 Biogen 与企业的合作模式分成了三个不同阶段：早期研发阶段、临床试验阶段和药品上市阶段，不同阶段中，Biogen 使用的资源能力以及合作模式均有差异。Biogen 倾向于从早期研发阶段开始与研发类企业进行合作。在此阶段中，Biogen 会筛选有市场前景的神经类药物的初创企业，提供预付款作为研发企业的初始资金（此时往往是科学家组建的初创团队），使其能将药物推向临床试验阶段。此阶段中，Biogen 依靠强大的市场分析能力以及专业判断能力，对团队的技术和药品的市场空间进行研判，从而实现使用预付款方式对后期药品商业化权利的绑定。在临床试验阶段，Biogen 与成熟的药物投资基金的模式类似，对投资管线的里程碑价值进行估计并按照合作要求进行投资。由于 Biogen 介入时间更早，且比财务投资基金有更好的市场推广能力，因此相比财务投资基金，Biogen 能够获得低于市场估值的付款额。在药物上市阶段，Biogen 会根据前期的合作协议，动用其强大的北美乃至全球的神经类适应证市场推广能力以及销售网络，进行药物的商业化推广，并获得对应的市场利润分成。另外，Biogen 亦可以选择不同的盈利模式改变其风险与收益配比，例如在与 Eisai 公司合作的案例中，Biogen 就将分成模式改为缴纳特许使用费模式实现药品的商业化权利垄断。在不同阶段中，我们总结了 Biogen 的交易模式以及典型案例，详见表 12-1。

表 12-1　Biogen 与外部企业合作的不同阶段与交易模式

合作阶段	交易模式	案例
早期研发阶段	通过授权费绑定企业，并且设置里程碑付款模式，在完成对应阶段的里程碑后进行下一阶段的付款，此阶段预付款为百万美元到千万美元	2022 年，Biogen 与 MedRhythms 签订了许可协议，以开发 MR-004 并将其商业化，用于治疗多发性硬化症。Biogen 会向 MedRhythms 预付 300 万美元，并在实现开发和商业里程碑后有资格获得约 1.175 亿美元
临床试验阶段	Biogen 与成熟的药物投资基金使用同样的管线阶段估值法，对各个阶段的概率以及最终市场价值进行估计，反推处于不同阶段中的研发管线估值，从而设置里程碑节点。此阶段的付款额度为几千万美元至几亿美元	Biogen 与 Ionis Pharmaceuticals 合作，获得了开发、制造和商业化 SPINRAZA（一种用于治疗儿科和成人患者的脊髓肌肉萎缩的药物）的全球权利。根据 FDA 对 SPINRAZA 的批准，Biogen 将会付款 6000 万美元给 Ionis Pharmaceuticals，作为实现药物上市的里程碑
药品上市阶段	Biogen 根据前期合作协议，在药品上市后进行对应销售区域的划分与利润的分享，同时也会根据市场变化进行对应的合作模式调整。此阶段中，Biogen 会充分调动自身的销售和渠道资源，以最快速度占领适应证的市场	Biogen 和 Eisai 公司共同开发和商业化阿尔茨海默病的 ADUHELM 单抗的药品。在前期的约定中，Biogen 将获得美国市场 55% 的潜在利润和欧洲市场 68.5% 的潜在利润。Eisai 将在日本等亚洲（不包括中国和韩国）市场获得 80% 的潜在利润。在世界其他地区，这两家公司将共同推广，按照 50∶50 的比例分享潜在利润。此外，Biogen 将在美国、欧洲和世界其他地区预订销售，而 Eisai 将在日本等亚洲（不包括中国和韩国）市场预订销售。2022 年 3 月再次签订了新的修订合同，重新约定了双方的责任、权利与利润分配：自 2023 年 1 月 1 日起，Eisai 将根据 ADUHELM 的净销售额获得特许权使用费，而不分担全球利润和损失。特许权使用费从 2% 开始，当年销售额超过 10 亿美元时，特许权使用费达到 8%。Biogen 在 ADUHELM 上获得了全球唯一的决策权和商业化权

与高校的合作模式

Biogen 与高校形成了合作开发的生态，在针对疾病的药物开发过程中，Biogen 可以尝试不同的研发方案，进行更广泛的筛选，提升了其研发效率和规模。通过知识互补与人才共享相结合的战略联盟形式，Biogen 以研究资金、期权、里程碑付款等方式资助高校项目研发，并帮助项目推进至临床且获得批准，而在合作过程中，高校会考虑将部分科研成果向更好的产品化、商业化的方向推进。此外，合作的高校给 Biogen 提供的专利许可是 Biogen 区别于同类研究型企业的关键资源能力。下面阐述两个 Biogen 与高校合作的典型案例。

Biogen 与哥伦比亚大学医学中心（CUMC）结成 3000 万美元的战略联盟，以资助其对疾病的根本原因进行遗传学研究并确定新的治疗方法的项目研发，例如"ALS 临床护理的基因组翻译"（GTAC）等。此外，作为该协议的一部分，Biogen 在哥伦比亚建立一个测序和分析设施以及共享的博士后项目，以支持合作遗传学研究。该协议将在哥伦比亚进行的基因组学研究与 Biogen 对疾病机制和途径的理解以及在发现新药方面的专业知识相结合。

另一个案例是 Biogen 与宾夕法尼亚大学建立了广泛的合作和联盟，以推进基因治疗和基因编辑技术。在这个广泛的研发联盟下，Penn 将结合其广泛的基因治疗资源和专业知识，使用现有和新开发的腺相关病毒（AAV）载体在各种合作计划下开发治疗候选药物，并将帮助开发支持基因治疗产品商业化所需的新制造方法。Biogen 将利用其治疗领域和靶标鉴定专业知识以及药物开发能力，帮助将合作计划推进到临床并获得批准。根据协议条款，宾夕法尼亚大学将获得高达 20 亿美元的研究资金、期权和里程碑付款。Biogen 将向宾夕尼亚大学支付 2000 万美元的预付款，另有 6250 万美元用于资助未来 3～5 年内由宾夕法尼亚大学 Wilson 和 Bennett 实验室进行的 7 个不同的临床前研究和开发项目的研发成本。每个计划都可能触发每件产品从 7750 万美元到 1.375 亿美元不等的里程碑付款，以及根据产品净销售额应支付的特许权使用费。除该协议外，Biogen 还与 REGENXBIO 签订许可协议，以独家使用 Wilson 博士实验室开发的腺相关病毒血清型 8（AAV8）或腺相关病毒血清型 9（AAV9）技术，REGENEXBIO 持有宾夕法尼亚大学的全球专利许可。

与医院的合作模式

Biogen 与医院之间的合作主要是为了从医院获得临床专业知识和数

据，同时向医院所属研究所的研究活动提供资金，并为研究设计、数据分析和项目支持提供战略见解。例如，2015 年 7 月 27 日，Biogen 宣布与帕金森氏症研究所和临床中心成立战略联盟，致力于加强对帕金森病（PD）潜在生物学的理解，并创建可以加速研究和开发新 PD 治疗方法的工具和计划。帕金森氏症研究所每年接待近 2500 名帕金森病患者，拥有最大的患者信息库之一，并引入了帕金森氏症领域领先的临床医生。Biogen 与其合作，希望结合该研究所在 PD 方面的大量资源以及 Biogen 在研究和临床开发方面的能力，更好地理解并最终发现这种疾病的新治疗方法，进而推动基础科学和治疗的进步。Biogen 在与帕金森氏症研究所的合作中，除了为研究所的研究活动提供资金，还为其研究设计、数据分析和项目支持提供战略洞察力。

Biogen 与社区的合作模式

Biogen 通过成立 Biogen 基金会，与州立部门及社区达成交易，公司为其提供科学教育转型补助金，并从中获取商誉，进而提升社会声望。致力于鼓励初中和高中阶段的科学教学创新，自 2003 年成立以来，Biogen 基金会已为科学教育和社区服务提供了上千万美元的赠款。2008 年，Biogen 基金会开始向北卡罗来纳州生物技术中心捐赠科学教育转型补助金，以支持该中心为 K-12 科学教师提供的教育培训设施的扩建。至 2009 年 9 月 9 日，Biogen 基金会已向相关项目资助了约 150 万美元。

Biogen 基金会在科学教育方面还支付了另外 3 项转型补助金——向马萨诸塞州剑桥市的东区学院提供 30 万美元，用于生成和评估科学课后的新冒险计划；向加利福尼亚州圣迭戈的鲁本·H. 弗利特科学中心提供 5 万美元，以支持高中教师和学生的研讨会，旨在提高教师对应用于生命科学的探究方法的理解；向北卡罗来纳州达勒姆的当代科学中心提供 6 万美元，用于创建一个社区学习实验室，为高中理科学生提供相关的实践教育。

Biogen 生态系统中各方主体的资源能力交易见表 12-2。

表 12-2　Biogen 生态系统中各方主体的资源能力交易

交易主体	资源能力获取	资源能力交付
合作的企业	技术的共同开发和共同推广、专利	股权投资、研究费用（里程碑付款）、专利费、商业化权利
高校以及学术研究机构	科研人才、科研成果以及转化	研究资金、期权和里程碑付款、根据产品净销售额应付的特许权使用费、博士后项目、实习机会
慈善公益组织	资金、临床试验人员、细胞库等实验资源	研究人员、研究资金
医院/药店	临床专业知识和数据	为研究所的研究活动提供资金，并为研究设计、数据分析和项目支持提供战略洞察力
州立部门/社区	社会声望	科学教育转型赠款

综上所述，Biogen 商业模式如图 12-1 所示。

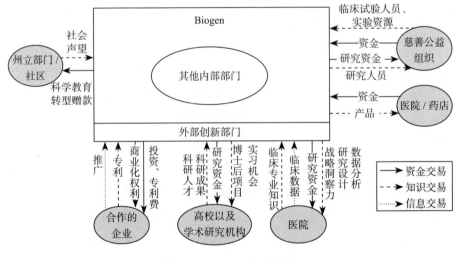

图 12-1　Biogen 商业模式

第三节　Biogen 商业模式亮点

作为全球生物科技行业巨擘，Biogen 专门从事研究和开发神经变性、血液和自身免疫性疾病的药物的工作，并专注于通过持续的实验测试来推广新产品，以及建立复杂的医疗市场。在此过程中，Biogen 势必要从事高风险、回报不确定的项目，为他人所不敢为、不愿为，才有望实现医疗领域的重大突破。Biogen 能够脱颖而出正是由于其通过商业模式设计，打破固化模式，采取全新的开放式创新模式，为技术创新创造了新的可能，并在控制风险的情况下最大化回报，进而为多种疾病治疗药物的研发做出了突出贡献。表 12-3 总结了封闭式创新与开放式创新在各个方面的差异。

表 12-3 封闭式创新与开放式创新的区别

方面	封闭式创新	开放式创新
人才观念	企业拥有行业内专业能力较强的员工，创新源于企业内部员工自己进行的发明创造	企业不一定拥有行业内专业能力较强的员工，企业的创新源于企业内外部研发
商业模式	内部研发严格保密，并最先把创新成果商业化，通过新产品、新技术、新工艺的不断推出赢得竞争优势	较快整合内外部研发资源和创新成果并市场化，从中获利；好的商业模式可能会带来后发优势
知识产权	成功源于技术本身。内部创意最多、最好的企业一定能在竞争中胜利，因此知识产权垄断非常重要	成功源于对内外部技术的充分、及时应用。可通过购买他人的知识产权成功，同时也应该转让出不适宜内部商业化的技术并从中获益
研发模式	封闭式的、高度集权的内部研发模式	开放式的、兼收企业内部和外部所有适合的技术的研发模式
核心能力	产品和服务设计的垂直一体化	外部资源的搜寻、识别、获取和利用，内外资源的整合能力
内部研究人员职能	促进技术的更新换代	促进技术的更新换代、流入与流出
用户角色	被动接受产品	主动的创新合作者

我们在开放式创新的框架下，总结了 Biogen 三个模式亮点。

提升新药研发的基础资源禀赋，从而提升模式效率

随着信息技术迅猛发展，单一企业难以拥有创新所需的全部资源，需要与其他创新主体通过协同、竞争、共生等竞合行为实现价值共创，因此技术的开放与流动是开放式创新的核心诉求。技术合作是企业间将各自拥有的互补资源结合在一起，促进知识和技术的创造和有效转移，提高应付复杂情况的能力，共同承担技术创新的风险和成本。企业可通过技术购买与研发外包、技术转让、技术联盟等方式将技术合作者纳入

开放式创新之中。

在 Biogen 的案例中，新药研发通常时间长，需要在特定领域有着深刻研究的科研团队才能进行药品的开发，在此阶段并不能实现规模经济。如果 Biogen 在企业内部全职招募支撑多条管线的科学家进行封闭式创新，不仅人员成本投入巨大，还会承担药品管线失败的所有风险。因此，Biogen 依靠其成熟产品给企业带来的充沛现金流，以及上市公司的融资能力，采取开放式创新模式，将具有研发能力的企业和高校交易主体以合约联系起来，提高了研发的基础资源禀赋，从而提升效率。因为采取开放式创新模式可以与合作方实现资源能力互补，拓宽企业的资源能力边界，使之有能力覆盖更多样的新药研发项目且具有更强的研发能力。

时至今日，Biogen 销售的产品包括用于治疗多发性硬化症的 TECFIDERA、AVONEX、PLEEGRIDY、TYSABRI、VUMERITY 和 FAMPYRA，用于治疗脊髓性肌肉萎缩症的 SPINRAZA，以及用于治疗严重斑状牛皮癣的 FUMADERM。Biogen 还拥有 RITUXAN［用于治疗非霍奇金淋巴瘤、CLL（慢性淋巴细胞性白血病）和其他疾病］、RITUXAN HYCELA(用于治疗非霍奇金淋巴瘤和 CLL)、GAZYVA(用于治疗非霍奇金淋巴瘤)、OCREVUS(用于治疗原发性进行性多发性硬化症)和其他潜在的抗 CD20 等疗法的某些商业和财务权利。这数十种创新药的累计研发投入巨大，且研发同一适应证的角度和机理各异。通过开放式创新的合作模式，Biogen 与多家企业共赢，支撑了多条管线从研发走向商业化，大大提升了药品产研全周期的效率。

通过风险在多主体上的分散与不同阶段的风险管理，强化研发活动的稳健性

从交易成本和交易风险的角度，技术的开放与流动是开放式创新最初被提出的核心诉求。技术合作是企业间将各自拥有的互补资源结合在一起，促进知识和技术的创造和有效转移，提高应付复杂情况的能力，共同承担技术创新的风险和成本。Biogen 与合作的企业共同开发和推广药品，在合作过程中，Biogen 和合作的企业分别承担一部分成本，同时，Biogen 也只承担一部分的责任，相较于传统的自主研发模式，开放式创新模式有助于摊薄公司在项目中的投入成本且降低了交易风险。此外，开放式创新模式辅以里程碑付款等商业模式也进一步降低了 Biogen 交易风险。

相比于并购模式，采取开放式创新的企业能够参与更多的项目，只承担局部业务，通过业务活动的重新组织与分配，只承担自己对应业务的风险，并且每个阶段都可以重新评估，决定是否追加投资或退出。例如，Biogen 在 2021 年年报中披露，Biogen 预计其核心研发费用在 2022 年将增加，这是由于 Biogen 正在进行的持续投资。Biogen 打算继续投入大量资源，用于有针对性的研究和开发机会，这些机会存在重大的未得到满足的需求，并且候选药物具有高度差异化的潜力。

Biogen 与合作的企业共同开发和推广药品，在合作过程中，Biogen 和合作的企业分别承担一部分研发成本，同时也只承担相应业务部分的风险，从而将新药研发的巨大风险和收益在多个项目中进行分摊平均。例如，2019 年 Biogen 与 Eisai 签订协议，研发、销售和营销费用均由 Biogen 和 Eisai 平分。因此，与采取传统的自主研发模式相比，采取开放式创新的模式摊薄了 Biogen 投入某一特定项目的研发成本，同时也由于投入某一特定项目的研发成本被摊薄了，Biogen 有能力与更多的企业合作，从而投入更多的项目中。从企业整体的角度来看，采取开放式创新可以分散企业在某一特定项目上、某一特定主体上的风险。

构建多层次、多伙伴的产研生态，提升创新价值

开放式创新能够显著提高商业模式交易效率，控制交易成本与风险，提升交易价值。开放式创新的首要特征是开放性。这意味着组织边界可渗透，不仅打破了阻碍组织内外的信息与知识等自由流动的壁垒，还丰富了创新资源的来源。开放式创新下的研发模式能够打破边界，凝聚来自内部边界外的类内部合作伙伴的知识与资源，使创新变成一种全局性

的活动，员工、客户、供应商、技术合作者、知识产权持有者等创新主体都将发挥作用。企业的经营效率与应对环境的反馈速度的提升，能够有效提高交易价值创造。

多层次合作给 Biogen 带来的是研发过程的分解并降低了公司的运营成本，有助于在不同研发阶段建立多层次的合作联盟。一个重要的例子是，Biogen 和雅培公司联合开展多发性硬化临床试验，与科尔达公司研发治疗多发性硬化的氨基吡啶缓解片，与基因泰克公司、罗氏公司研发治疗淋巴瘤的药物，与伊希斯制药公司研究强直性肌营养不良的病理反应。上述过程中注重分解项目和识别合作方能力，Biogen 在保护合作方利益的前提下，根据项目的灵活性来控制关键项目的进度，以减少实际和预期绩效之间的差异。同时，这种模式有助于建立合作者之间的垂直网络体系，促进异质企业之间的技术流动，提高投入产出效率。综上，开放式创新的研发模式使得 Biogen 可以通过开展阶段性的风险评估决定下一阶段继续投资与否，这为 Biogen 提供了优良的风险管理机制，强化了企业研发活动的稳健性。

创新永远需要面对不确定性，若无限制扩大企业在创新活动中承担的业务环节，将会导致管理难度加剧、不确定性增加，最终导致创新效率和价值降低。Biogen 通过开放研究生态，深挖精神类疾病的市场洞察能力与销售渠道资源作为企业的"护城河"，将药物上市前的研发活动以多种形式与外部企业和高校进行多层次的合作，从而能够在神经类疾病市场上享有更大份额，提升创新的价值。

CHAPTER 13

第十三章

3GPP
——国际移动通信标准化组织第三代合作伙伴计划

第五代移动通信技术（5th Generation Mobile Networks，5th Generation Wireless Systems，以下简称 5G）是最新一代蜂窝移动通信技术，也是 4G 系统之后的延伸。5G 的性能目标是高数据速率、减少延迟、节省能源、降低成本、提高系统容量和大规模设备连接。5G 从技术被提出，到如今有一些消费级的落地应用，经过了漫长的多方交流沟通、协商、博弈。由于在标准上业界基于推动行业成功这一前提，达成了尽可能多、尽可能具备操作性的诸多共识，超越了许多竞争性技术，使 5G 得以在全球得到广泛部署。在统一标准的体系下，学术界和产业界的研究得以有的放矢，在研究过程中对应用场景有明确的定义，技术转化成果也能被国际所认可，快速推向市场，从而提高了产学研的转化效率。

5G 发展的产业链中包含众多利益相关者——网络运营商、终端制造商、芯片制造商、基础制造商等，而学术界、研究机构作为技术提供方，政府机构作为服务使用者、政策制定者和监管者，也是生态系统中的重要一员。国际移动通信标准化组织第三代合作伙伴计划（3rd Generation Partnership Project，3GPP）是组织协调 5G 标准制定的重要组织，成立于 1998 年 12 月，由全球七大标准制定组织（SSO）合作形成，成员包括来自 40 多个国家的超过 550 家公司。在竞争形势复杂、利益相关者众多的情况下，3GPP 起到了协调各利益相关方、共同制定规则的作用。这种通过一个机构协调各相关方，减少各方摩擦，形成零和博弈的模式却鲜少出现于其他行业，5G 的顺利推行也证明了 3GPP 模式的成功。

本章试图回答以下三个问题以解构 3GPP 在 5G 研发中的作用：为什么 3GPP 能联合通信产业链中众多的利益相关方在 3GPP 体系中制定标准？在 5G 标准的制定中，3GPP 起到了什么作用？3GPP 构建的生态为参与其中的各利益相关方带来了什么优势？

第一节　3GPP 案例背景

3GPP 成立于 1998 年，此前，1G、2G 标准已经完善，以高通为首的设备商在一些国家和地区已经进行了商业化落地，同时企业界已经在 1G、2G 的相关技术中赚取了大量利益。随着 3G 技术的出现，通信技术的速度以及成本将进一步降低，对此前的 2G 技术产生颠覆性冲击，也蕴藏着巨大的利润空间。

在之前 1G、2G 技术的推广中存在一个棘手问题，就是由于通信领域内应用的技术和协议不同，各个设备商与制造商制作的 1G、2G 产品无法互相通信，导致跨区域、跨国家的应用效率低下。芯片制造商需要根据不同网络运营商、终端制造商的协议分别进行研发，导致研发成本高企；基础制造商需要根据不同协议分别生产终端，难以形成规模效应。因此，在 3G 阶段统一标准已经成为大势所趋，在统一的标准下进行研发、制造、生产，产学研一体化，可以节约重复研发的成本，产生更多的收益。此时由于高通在 3G 领域拥有的专利数量最多，因此首先自立门户，以自身拥有的专利为基础制定 3G 技术标准，掌握 3G 领域的话语权。这引起了欧洲及日韩等相关国家企业的严重抗议，这些企业中的任何一家企业掌握的 3G 相关的技术与专利都远远不及高通，但这些企业所有的技术与专利总和却可以与高通相抗衡。

在这样的背景下，成立了两大标准制定组织：成员主要来自欧洲、日本、韩国等的 3GPP，以及以高通为主导的 3GPP2。在技术路线上，3GPP 选择了 GSM 标准，而 3GPP2 选择了 CDMA 标准。在 3G 时代，3GPP 和 3GPP2 两大机构制定的标准并行发展，虽然没有成立统一标准，但也证明了建立标准制定组织有利于通信行业生态系统的发展，高通也同时作为 3GPP 和 3GPP2 的会员参与不同技术路线的标准制定。

在 4G 阶段，3GPP 和 3GPP2 同样选择了不同的两条技术路线分别发展。同时，IEEE（电气与电子工程师协会）作为第三个标准制定组织开辟了新的技术路线。3GPP 致力于开发 LTE 系统，3GPP2 选择 UMB，而 IEEE 开始开发 WiMAX 的系统。最终通过多次技术更新和发展，LTE 成为使用和部署最广泛的 4G 标准，最终成为 4G 的全球标准。3GPP 在 4G 标准制定上的影响力延续到了 5G，最终形成了上文所述的 3GPP 体系下的 5G 标准制定模式。

正由于 3GPP 成立的背景是为了建立一个相对民主的环境以保障大多数成员的利益，因此 3GPP 的商业组织原则也由之确定："制定和维护全球无线通信标准，而不是关注某个局域或某个地区的需要""3GPP 是一个会员驱动型组织，各个会员和公司根据自己的市场需要和技术发展提供提案，通过企业间协作形成最后的技术标准。"然而在实际的标准制定流程中，各成员企业之间的商业谈判也不同程度地受到各自拥有的专利数量、市场地位所影响。因此，3GPP 的工作模式意在从程序上尽可能保证各成员能够民主地争取自身的利益最大化，而非被少数几个强势主体占有标准制定的主动权。

第二节　3GPP 工作模式

经过从 3G 时代到当前 5G 时代 20 余年的发展，3GPP 已经形成了一套完整的、各成员企业认可的工作模式。

基于共识的 3GPP 工作流程

正如上文所述，3GPP 希望通过工作流程设计尽可能维护大部分成员的利益，因此 3GPP 提出了基于共识的决策流程。3GPP 认为，以往的代表制、投票制讨论主要存在三大问题。①决议提出者难以推动自己的决议被通过，因为与会各方都追求自身的最大利益，其他成员的决议会遭到与会者的强烈反对。②难以通过中肯的评价反驳他人的提案，代表制虽然增大了通过提案的难度，也使有建设性的意见难以被提出，也难以被接纳。与会者往往抱有零和博弈的心态，所提的建议往往指向自身利益和提案，而非完善已有提案。③要求与会者拥有专业的谈判技巧和充足的准备，导致会议效率低下。为此 3GPP 在工作文档中提出了一种基于共识的讨论机制，倡导与会企业主动妥协，也不完全遵循少数服从多数的原则，可以为单一企业的诉求暂停讨论，修改提案。通过这样的机制希望尽可能减少投票，将投票作为分歧巨大、无法达成共识时的最后手段。

根据 3GPP 官网，其主要工作流程可以分为以下五步。

第一步：前期研发。前期研发的相关工作由 3GPP 成员进行，3GPP 成员提出愿景、概念和需求，并进行早期研究，一般也会通过申请专利、制造原型机等建立公司在此技术路线上的先发优势。通过先期研发证明该技术的可行性后，成员企业可进入第二步，向 3GPP 提出项目提案。

第二步：项目提案。经过前期研发得到的技术，除了提案提出方外，还需要 4 名其他成员支持，才能正式作为提案进入 3GPP 的内部讨论机制。提案提出前往往需要在多次 3GPP 会议上进行讨论。此阶段由标准制定组（Technical Specifications Groups，TSG）对项目提案的愿景、概念等是否合理进行审核，审核通过后对提案提出研究条目（Study Item），进行下一步可行性研究。

第三步：可行性研究。依据上一步产出的研究条目，3GPP 内部来自各企业的研究人员进行迭代和谈判，成员企业提交技术文档以提出解决方案，并在 3GPP 会议上讨论。基于会议讨论的共识形成技术报告

（Technical Report），技术报告中初始提案提出者有较大的话语权。技术报告由 TSG 进行审批，审批通过后形成工作条目（Work Item）。

第四步：技术规范。基于工作条目，将复杂的技术拆解成较小的模块，讨论形成解决方案，讨论过程与技术报告的形成类似。但每一条工作条目会指定给若干公司以及一名工作条目经理，负责管理相关项目的进度，保证多个工作条目能按时完成。随着项目的研发，3GPP 的成员也依据技术制定相关规范，最终形成该领域的技术规范（Technical Specification）。截至 2021 年，正在实行的技术规范超过 1200 条。

第五步：相关企业基于 3GPP 制定的技术规范进行相关商用研究的开发。在应用中发现有需要改进的地方，还需要经过一个变更请求的流程，把改进需求反馈至 3GPP，使技术规范进一步完善。

尽管如此，在实际的会议中，理想化的"基于共识""基于大部分会员利益"的结果往往难以实现，拥有专利多、市场势力大的企业往往具有谈判优势，拥有较大的话语权，在讨论的过程中负责主持的会议主席也会偏向自身所属公司。例如，当无法取得"共识"，进入投票阶段后，尽管仍然依据一位成员一票的原则投票，但会议主席也有权在大企业反对的情况下推翻投票结构，继续进行协商。基于共识的讨论机制成了写在条文中的共识，而没有实质的强制力。为此，3GPP 通过组织架构设计在一定程度上约束某一会员企业的权力，避免一家独大的情况出现。

3GPP 的组织架构

在 3GPP 的工作流程中，提到了标准制定组这一 3GPP 的工作单元。实际上，3GPP 的组织架构分为三层（见图 13-1）：顶层为项目协调组（Project Coordination Group，PCG）；其下属三个技术规范组（TSG），分别负责通信领域的三大分支，即 TSG 无线电接入网络（RAN）、TSG 业务 & 系统（SA）和 TSG 核心网络和终端（CT）；每个 TSG 内部依据研究内容进一步细化为多个工作组（Working Group，WG），WG 内部成员为来自各 3GPP 成员企业的员工，为 WG 的工作提供技术贡献，WG 人员的选取一般考虑人员来自的公司的市场地位，以及人员来自的企业在该技术领域的技术储备。

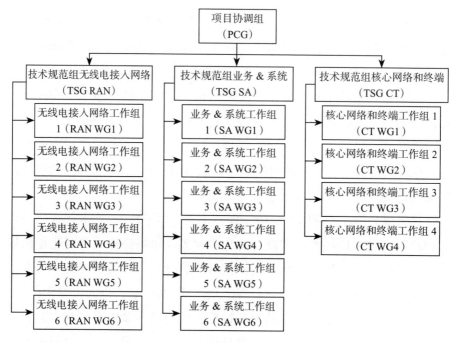

图 13-1　3GPP 的组织架构

在 WG 维度，每个 WG 都有一名主席和两名副主席。主席和副主席负责主持会议，引导会议走向，推动共识形成。由于每次会议时间较短，不一定能形成共识，因此有大量的讨论会在会后进行。WG 需要对各公司提出的项目提案进行分析，对各种场景进行模拟，以了解性能、优缺点、竞争优势等，在研究条目、工作条目和技术规范的流程中起重要作用。

在 TSG 维度，每个 TSG 都有一名主席和三名副主席，均由成员选举产生。他们根据市场条件和需求提供指导。例如，2016 年加快 5G 时间表的决定是由 TSG RAN 做出的。主席通常是有成就的专家和优秀的管理人员。TSG 负责统领下属 WG，设定 WG 的研究方向，管理资源分配和规范的准时交付。

PCG 主要处理技术项目管理问题，提供监督，正式通过 TSG 工作项目。各级 3GPP 官员均由 3GPP 成员在完全透明的投票过程中正式选举产生，标准任期为两年，但通常会根据他们的表现连任第二个任期，以表彰他们的有效领导。很多时候，这一级别的官员从副主席职位开始，然后根据他们的表现晋升到主席级别。

3GPP 的各工作组会议常年运行，每月都会组织活动，以年为单位举办年会，收集成员企业的新诉求并开展研究。

第三节　3GPP 对 5G 体系的作用

经过上文的论述，我们分析了 3GPP 如何为成员企业提供一个互相交流、制定统一标准并基于此进行产学研结合的平台，也通过 5G 的成功印证了 3GPP 作为平台起到了不可或缺的作用，加速了 5G 技术的研发与落地。下面我们将从模式维度试图回答 3GPP 为通信产业中的各利益相关方起到了什么作用，为什么大家都愿意加入 3GPP 构建的标准制定体系等问题。

缺少标准制定者这一角色影响了通信业生态系统的交易效率

通过上文对 3GPP 发展历史的梳理，我们发现经过 1G、2G 时代后，形成标准制定组织成为生态系统中无论是大企业还是小企业均有的共识，这是因为从各自角度看，当时多标准并立的情况并不利于参与产业的各方获得最大利益。

（1）对于大企业，虽然具有专利、市场影响力等竞争优势，但在研发中为不断试错，保证在各技术路线上的竞争力需要同时对多技术路线进行研发，研发成本高企；而在市场应用中，为了收回研发成本只能选择企业最占优势的技术路线，收取高额的专利使用费，如 1G、2G 时代的高通。这样的情况导致小企业不得不联合起来另立门户，选择新的技术路线制定标准；中型企业努力发展研发，寻找新的技术路线"弯道超车"，与现有大企业分庭抗礼。大企业需要一个能同时满足各方利益的商业模式，使自身的技术路线被认可并使用，收回研发成本，并在后续出现可能更佳的竞争技术路线时具有一定的话语权。

（2）对于小企业，本身研发能力相对大企业较弱，如果不联合则只能接受大企业提出的垄断条款；尽管通信行业还未形成垄断，但小企业之间相互协调沟通也会产生大量的时间、人力成本，进一步挤压小企业的利润空间。小企业需要一个能与大企业共同商讨、共同制定规则的场景，使其能以合理的成本使用大企业提出的技术框架，并将研发集中于某一核心分支技术，形成竞争优势。

（3）对于上下游，如上游的芯片制造商，下游的终端制造商、基础制造商等主体，通信企业承担了技术研发的业务活动，而上下游承担技术产品化中生产这一业务活动，主要活动内容是根据通信企业的标准要求，提供相应的芯片、终端、移动设备等产品。如图13-2所示，在1G、2G时代，制造商需要面对不同企业的复杂需求，生产满足各自标准的产品，大大增加了研发和生产成本。对于终端消费者，不同标准产品之间的通信效率也降低，影响了通信产品的实际使用体验。

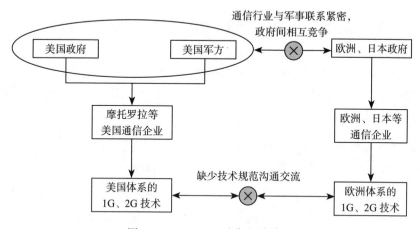

图 13-2 1G、2G 时代交易结构

在 5G 技术研发之前，为什么 3GPP 起到的标准制定作用没有得到更多的重视呢？这个问题的答案必须追溯到通信行业的发展历史。在 1G 阶段，通信行业的发展具有浓重的军事色彩，摩托罗拉作为早期通信行业

的佼佼者，通过与美国陆军签订合约，协助研发军事通信技术取得技术优势。随后的 2G 发展过程中，国家也起到了重要的作用，由于当时通信仍然属于前沿技术，民用参与程度不高，通信基准的确定背后是国与国的综合角力，彼此都不愿意屈服于他国制定的标准，因此形成了欧洲抱团、内部联盟对抗美国的竞争态势。在 1G、2G 的时代背景下，一方面由于通信行业过于敏感，主要行业参与者中包括政府，彼此合作的意愿不强；另一方面通信行业尚未发掘出民用的潜力，合作带来的价值空间还有待开阔。

在 3G 阶段高通脱颖而出，利用 CDMA 技术"弯道超车"，超越摩托罗拉欧盟 GSM 成为全球通信技术的领先者。然而，高通意在通过预先申请专利，阻挠竞争者发展 CDMA 内外维的相关技术，建立自身在 3G 领域的垄断地位，并将自身的专利技术嵌入通信标准中，以此收取高额的专利使用费。早在 2G 阶段，与欧盟主推的 GSM 标准不同，高通提出了一套以自身拥有专利为背景的 CDMA 技术标准。在 3G 阶段，由 CDMA 标准演进出了 3GPP2，而欧盟为了与之对抗，有了今天的 3GPP。在此阶段，由于高通一家独大，已经取得了垄断地位，并且 3G 阶段移动设备的智能化浪潮还未来临，生态系统中的主体还比较少，关系较为确定，统一标准带来的交易效率提高并不明显。因此，高通没有足够的动机放弃市场话语权，加入制定 GSM 标准的 3GPP，通信标准的制定仍然没有得到统一。

在 4G 阶段，由于新技术的出现，高通的行业领先地位受到动摇。对于高通而言，继续维持分庭抗礼、多套标准并行的竞争态势一方面不利于 4G 技术的推广，相反统一标准有利于 4G 在智能手机等移动设备上快速落地，促进新技术的快速市场化；另一方面尽早加入 3GPP 也可利用其在 3G 阶段的技术优势，获得更大的话语权，维持长期的竞争优势。因此，3GPP 最终成为统一的标准制定者，也帮助 5G 技术快速发展与落地，提高了通信行业生态系统的运行效率。

3G、4G 时代交易结构如图 13-3 所示。

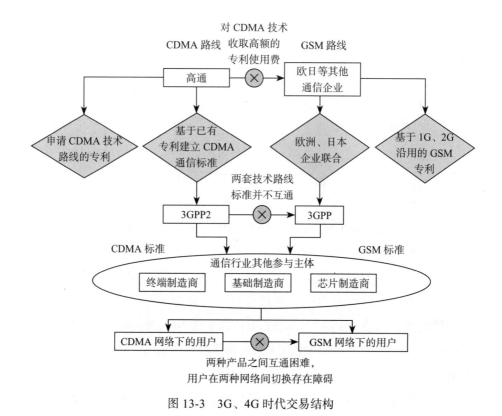

图 13-3　3G、4G 时代交易结构

3GPP 为生态系统中承担相似业务活动的主体制定了统一标准，降低了交易成本，为生态系统创造了更大价值

在 3GPP 模式下，3GPP 将通信行业联合起来共同制定标准，并将上下游共同纳入讨论体系中，起到了生态系统协调者的作用。通信企业首先进行基础研发，验证技术需求后进入 3GPP 体系进行讨论。通过项目提案、可行性研究、技术规范三个步骤，企业之间可以对标准的细则进行讨论，大企业之间就技术路线的选择进行博弈和商谈，加入对自身有利的条款，而在标准确定后也不需要同时研发多条技术路线，研发方向更加集中；小企业也以投票权为筹码，获得与大企业相对平等的谈判机会，在会后讨论中得到更有利的专利的使用费用和使用范围，将后续交易中可能产生的摩擦前置到技术讨论的过程中，为技术市场化减少了障碍。

同时，通信企业的上下游也加入标准制定的讨论中，在标准制定时就考虑到后续相关产品的生产和市场推广，为后续技术产品化后快速推向市场打下基础。图 13-4 从研发新技术的企业作为焦点企业的视角，描述了 3GPP 在 5G 发展阶段协调各方利益、推动技术发展、建立良好生态的模式。

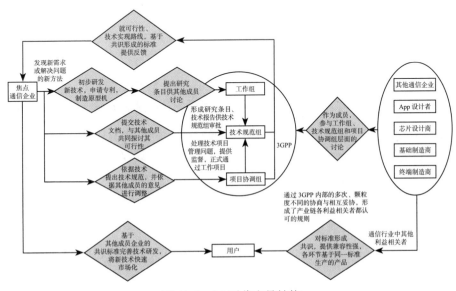

图 13-4　5G 时代交易结构

这样，3GPP 的标准制定就不只是对技术规范的确定，也隐含着同行业中不同主体之间的交易协议，以及通信企业整体以标准为共同语言，向上下游输出需求的指标。由此，从事同一业务活动的主体，本来各自诉求不同但需求相似，在 3GPP 的协调下形成了统一的标准，从而降低了上下游的生产成本和用户的使用成本，为生态系统创造了更大的价值，最终也使参与其中的通信企业受惠。

第四节　3GPP 商业模式总结与讨论

通信行业标准制定机构的演化经历了从无到"双足鼎立"，再到如今 3GPP 一家独大的发展历程，在生态系统中设计了 3GPP 这一新的主体。

3GPP 的存在，为产业中承担同一业务活动的不同主体提供了相互交流、制定统一标准的平台，从而解决了以往通信厂商为了各自利益，选择不同技术路线，导致上下游和用户只能择一站队的问题。

但我们也需要看到 3GPP 的局限性，即其并不发挥引领生态系统的主体在最优技术路线选择层面达成共识的作用。这里的"最优技术路线"是指研发成本最低、实现效用最大的技术路线，有助于带来最大化的生态系统整体效率。例如，尽管要求 TSG/WG 主席尽可能公正，但实际上主席和副主席对技术路线的选择有着重要的作用，也会有一定的偏向性。3GPP 中的大企业仍然会基于自身利益进行标准制定，而小企业的话语权相比大企业也相当有限。为了实现自身利益最大化，抵制或者拒绝更优的技术路线或标准的情况也有可能出现，后续还需要对模式进行进一步设计以实现更优的效率。

CHAPTER 14

第十四章

NeurIPS
——AI 领域学术会议

第一节　NeurIPS 案例背景

NeurIPS（Neural Information Processing Systems，原名 NIPS）是 1987 年创立的人工神经网络及机器学习领域的跨学科学术会议。随着 2012 年以来人工智能的火热，主打神经网络、机器学习领域的 NeurIPS 会议的参会规模与投稿规模逐年快速提高，并在影响力上超越了同领域的其他人工智能学科顶级期刊。图 14-1 表明，NeurIPS 在参会人数方面自 2012 年起增长明显加快，并于 2014 年成为 AI 会议中的首位。

同时，NeurIPS 近年的论文投稿数量与接收数量都维持了此前的增长态势，并开始拉开与同类会议的差距。从 2017 年到 2020 年，其论文投稿数量从 3240 篇增长到 9454 篇（见表 14-1），平均年增长率在 40% 左右，而论文的接收率基本维持不变，这使得 NeurIPS 的整体规模都在快速扩张，并同时维持了扩张过程中的会议质量与良好口碑。

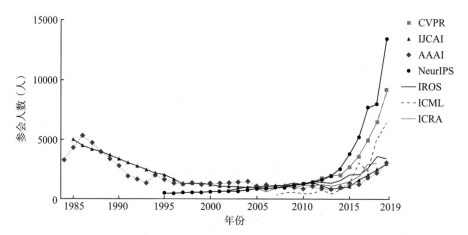

图 14-1　1984—2019 年 NeurIPS 及同领域学术会议参会人数情况①

表 14-1　2017—2020 年 NeurIPS 论文投稿、接收情况

项目	2017 年	2018 年	2019 年	2020 年
论文投稿数量（篇）	3240	4856	6743	9454
投稿增长率	29.6%	49.9%	38.9%	40.2%
论文接收数量（篇）	697	1011	1428	1900
论文接收率	21.5%	20.8%	21.2%	20.1%

资料来源：NeurIPS 官网。

研究发现，NeurIPS 的兴起依赖于其运作过程中更加精细的商业模式设计。从商业模式的视角出发，NeurIPS 与机构研究者、审稿人、赞助商等利益相关方之间存在深入的合作机制设计。故在本书中我们希望选取 NeurIPS 作为学术顶会发展研究的案例，侧重于其运转机制的梳理与商业模式的亮点，旨在解释一个学术会议的兴起。

第二节　NeurIPS 运转机制

为了梳理 NeurIPS 的运转机制，我们首先描述 NeurIPS 会议的举办主体，介绍 NeurIPS 的内部策划、决策机构及其权责范围。进一步我们

---

① 数据来自斯坦福联合 MIT、哈佛、OpenAI 等院校和机构发布的《2019 年度 AI 指数报告》(Artificial Intelligence Index Report 2019)，https://hai.stanford.edu/sites/g/files/sbiybj10986/f/ai_index_2019_report.pdf，2021 年 2 月 28 日。

打开 NeurIPS 所处的学术生态，介绍 NeurIPS 内外部利益相关方之间的交易机制，从而梳理清楚其商业模式。

NeurIPS 会议举办主体

1. 会议举办主体概述

NeurIPS 会议举办主体如图 14-2 所示。会议拥有常设的会议董事会（Conference Board）、项目委员会（Program Committee）与运营委员会（Organizing Committee），委员会成员随着每年会议举办轮换。

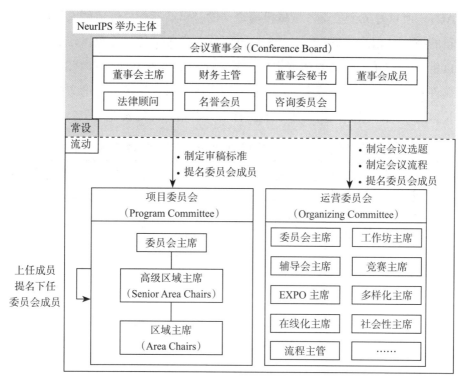

图 14-2　NeurIPS 会议举办主体

2. 会议董事会

会议董事会下设董事会主席、财务主管、董事会秘书、法律顾问、名誉会员、咨询委员会等职位，主要负责制定会议主题、制定审稿标准并提名具体的项目委员会与运营委员会成员。相比于其他会议委员会，NeurIPS 的特色在于董事会的构成包括来自高校与产业界的两类学者，例如，有来自 Apple Inc.、Google Research、Facebook AI Research、Microsoft Research、IBM Watson Labs 等机构的产业人员占总董事会人数的 23%（2020 年董事会）。

3. 项目委员会

项目委员会下设委员会主席（Committee Chair）、负责各细分领域的高级区域主席（Senior Area Chairs，SAC）与区域主席（Area Chairs，AC）。项目委员会负责各领域投稿论文的初审、匹配外部审稿人与审稿质量的把控。相比之下，NeurIPS 每位区域主席负责的稿件数目较少，平均负责 20~30 篇论文的初审工作，并通过论文匹配系统（TPMS）为每篇稿件匹配 4~6 位审稿人。NeurIPS 的区域主席规模基本与论文投稿的增长速度一致，保证平均工作量不会有太大的增长（见表 14-2）。

表 14-2　2017—2020 年 NeurIPS 项目委员会情况

项目	2017 年	2018 年	2019 年	2020 年
SAC 人数（人）	26	35	52	63
AC 人数（人）	183	240	349	481
项目委员会总人数（人）	209	275	401	544
论文投稿数量（篇）	3240	4854	6743	9454
人均处理论文数量（篇）	15.5	17.7	16.8	17.4

资料来源：NeurIPS 官网。

这就对区域主席的选拔提出了更高的要求。NeurIPS 每届区域主席成员由前任的区域主席提名，经过资格审查最终由董事会成员投票决定。除此之外，NeurIPS 在审稿人资源的管理与审稿质量的把控方面有一套更为复杂的方法，我们将会在商业模式部分展开讨论。

4. 运营委员会

运营委员会主要负责筹集资源、安排会议流程与选题、邀请演讲、洽谈场地、布置场地等活动，下设委员会主席、工作坊主席、辅导会主席、竞赛主席、EXPO主席等，分别负责邀请演讲（Invited Talks）、工作坊（Workshops）、辅导会（Tutorials）、专题座谈会（Symposia）、成果展示（EXPO）等多项会议环节。同时，运营委员会成员负责招募、对接与服务赞助商，并且联络媒体提供会议宣传工作。

运营委员会下又分为十余个运营主席，其特色在于除了包括分管上述各会议流程模块的工作坊主席、辅导会主席、EXPO主席外，还会根据每年的社会热点问题与前沿话题增加新的运营主席，带领运营小组完成新的业务活动，例如负责保障会议多样化与包容性、2020年的会议线上化、人工智能的社会性问题等特色主张。

NeurIPS的商业模式

1. 商业模式概述

NeurIPS的主要业务活动可以总结如下：

会议前期策划与选题：招募委员会、招募赞助商、策划会议流程与主题、邀请演讲者、洽谈场地、场地布置等。

论文接收与审稿：招募审稿人、编辑初审、邀请外审、审稿人审稿、反馈审稿意见、审稿过程控制等。

会议举行：主会议、邀请演讲、工作坊、辅导会、专题座谈会、成果展示、赞助商服务、直播等。

会议后期：上传会议视频、媒体报道、举办竞赛等。

NeurIPS在执行各业务活动时涉及学者、审稿人、赞助商、媒体/社交网站的交流互动。按照商业模式的思路，我们将其与各利益相关方的交易机制还原，体现出会议运营的全景（见图14-3）。

NeurIPS拥有五类特别的利益相关方：会议的主要参与者——学者群体，具体由来自业界机构的学者与来自学界高校的学者组成；负责审稿业务的审稿人与为会议提供资金的赞助商；由部分少数群体学者组成的多元化社群与广泛散布会议影响力的媒体网站。除此之外，论文产生过程中市场上有大量帮助作者进行论文修改、润色等类似工作的机构，这在一定程度上降低了论文发表的难度，缩短了生产一篇完整论文的时间。

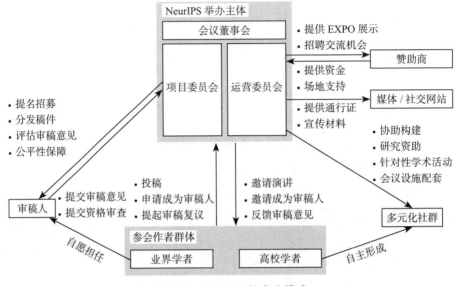

图 14-3　NeurIPS 的商业模式

盈利模式方面，NeurIPS 会公开其每年的财务流入与流出情况。以 2019 年温哥华会议的披露为例，会议预算约为 900 万美元，其中 530 万美元来自会员注册费，370 万美元来自赞助商。会议的资金流向包括会议举办、学者与机构项目展示 EXPO、支持多样性与包容性的公益活动、对于 AI 相关组织的资助、竞赛与讲习班的举办等。董事会与组委会成员在 NeurIPS 的工作则是公益性质的。NeurIPS 2019 年获得盈余约 300 万美元，相比 2018 年增长了 30%，全部用于次年会议举办的财务缓冲、新计划投入或降低注册费用。

接下来我们按 NeurIPS 所处学术圈中的利益相关方梳理，分四个方面展开描述其商业模式。

2. NeurIPS 与机构企业的交易结构

对于人工智能领域的学术会议而言，顶尖业界机构往往扮演两个角色——会议赞助商以及优质论文提供方。常见的业界机构参会方式包括赞助、受邀参与会议演讲、受邀加入会议委员会几种方式。NeurIPS的特色做法有三。

首先，更早与顶级业界机构建立了合作关系，在一定程度上抢占了先机。自2009年起，NeurIPS便通过邀请演讲、工作坊、辅导会、专题座谈会、成果展示等多项会议环节逐步触达更多的机构研究者。这一时间事实上早于2012年神经网络研究的爆发期，虽然此后其他会议也模仿了该做法，但NeurIPS仍是更早确立与企业联系的会议之一。

其次，关注到业界学者与学界学者的身份不同，针对研究兴趣的差异性设计更多贴近产业的接触方式。会议过程中，NeurIPS增设侧重于应用场景的专题座谈会环节，用于交流行业当下热点并预测与引导未来热点，吸引大量企业的参与，具体话题包括机器学习的社会影响、机器学习与法律、机器与人脑等。赞助环节，NeurIPS自2009年首次在官网公布赞助商，2023年将其分为青铜、白银、黄金、铂金、钻石五个级别，并为更高层级的赞助商匹配更加充分与高校研究者接触的环节，从而为其产学研的结合以及人才招聘提供机会。

最后，**邀请产业学者加入会议董事会与委员会，不仅参与临时的外围决策，还参与会议长期的核心决策**。NeurIPS自2010年起先后在项目委员会、运营委员会中引入更多的产业专家，参与审稿、会议运营与新委员会成员选举。有数据表明，成为项目委员会区域主席的学者平均会提交5.24篇论文，接收率为34.78%，这一数据显著高于普通身份的学者。需要特别说明的是，业界学者会受邀加入董事会参与核心决策，其目的在于与这些学者形成更加深入的绑定，调动后者更多的学术资源与学术前沿的洞察力。

3. NeurIPS与审稿群体的业务活动设计

审稿机制是会议主办方与参会学者之间最主要的交易机制。一个好的审稿机制能够兼顾审稿效率与被接收稿件的质量。一般论文的审稿流程如下：作者提交论文—编辑初审—邀请审稿人外审—审稿人回应邀请—审稿人审稿—编辑评估审稿意见—编辑反馈作者审稿决定。NeurIPS的特色体现在编辑初审、邀请外审、审稿人审稿、反馈审稿意见等四个环节都采取多重保障措施，以控制审稿过程中的随意性与道德风险问题，从而较好地保证审稿质量，权衡审稿人的专业性与数量，鼓励更多的优秀审稿人接受外审邀请，同时确保整个审查过程公正、诚实地开展。具体做法见表 14-3。

表 14-3 NeurIPS 审稿环节设计

审稿环节	编辑初审	邀请外审	审稿人审稿	反馈审稿意见
NeurIPS 采取的特色做法	往年 AC 成员提名新任 AC 成员，每位被提名成员会经过资格审查、董事会成员审核投票 每两位 AC 成员配对成为配对伙伴（buddy pairs）共同决策	外部审稿人来源有两个——往届 AC 提名审稿人与提交论文的作者志愿成为审稿人，二者的比例约为 2∶1 被提名审稿人需要经过资格审查，并提交影响力说明 对于常规资源库中找不到合适审稿人的文章，AC 有权邀请特定外审	采用双盲审查，基于专业匹配性的算法（TPMS）为每篇论文匹配领域内专业审稿人，并至少包括 3 位高水平的受邀审稿人 审稿人需要进行多维度的客观打分（1～5 分）：包括技术性、新颖性、现实影响力与清晰性，并给出自己对于审稿结果的信心水平	审稿意见反馈给作者后，作者可以答复一篇回应审稿意见的文章给 AC 和审稿人进行复议 AC 会标记信心水平过低、审稿差异过大或审稿意见过简单的审稿意见，并为这些论文聘请额外的紧急情况审查员，避免误判
目的与效果	编辑对于论文有初审淘汰与分配外审的权力，去中心化的决策能够控制由于自身利益或主观性导致的误判	在保证总审稿人的数量以及复合的领域构成的同时，提高对审稿人专业性的筛查	确保审稿人匹配的合理性，可以提高审稿人接受邀请的概率与审稿意见的质量，同时通过多维度打分、信心程度打分提高审查的客观性	给予作者与 AC 成员纠错的权利，避免论文评审的随意性

结果显示，投稿到 NeurIPS 的每篇文章能够得到平均 5.1 名审稿人的审查[○]，并且获得相对篇幅更长的审稿意见。同时，近年 NeurIPS 会披露审稿情况报告，针对作者们较为集中的意见进行数据实验，并反馈是否有效，以完善来年的审稿流程。类似的保障性措施与公开披露使得 NeurIPS 在审稿环节受到的质疑少于其他同领域顶会，提高了 NeurIPS 在业内的公信力。

○ 数据引用自 NeurIPS 2019 年官方数据分析报告《我们能从 2019 年 NeurIPS 会议数据中学到什么》（What we learned from NeurIPS 2019 data），NeurIPS 2019 Program Chairs，2021 年 2 月 28 日。

4. NeurIPS 与多元化少数社群的互动

NeurIPS 专门在运营委员会中设立多样化与包容性运营主席，带领运营小组优化少数学者群体的学术环境。这也是 NeurIPS 在单纯的学术会议业务之外，所额外承担的社会责任。

首先，NeurIPS 资助和协助各少数学者群体构建社群，为了其更多、更方便地参与 NeurIPS 的会议做出努力。目前，相关政策覆盖到女性、非洲裔、拉丁裔、犹太裔、残疾人等多元化群体。具体而言，NeurIPS 会议设立各群体的工作坊与研究展厅，为其提供充分展示及融入社交群体的机会。一些小群体的经营尤为成功，例如 LatinX in AI 联盟（LXAI）为社区、学术界、业界和政界人士搭建了桥梁，为全球的 LatinX 个人提供人工智能创新思想与研究资源，推动和支持研究发展和基础设施建设，促进拉丁美洲人工智能领域的创新能力。

其次，该运营小组会改变会议策划，为特殊人群匹配基础设施。例如，为犹太人准备犹太食物，关注犹太安息日等节日习俗；为特定群体建立一个欢迎该群体科学家的社区，以缓解其遇到的负面影响和不公平对待；为听障人士设计有实时字幕的口头报告，为色盲人士设计色盲友好的演讲与海报；为行动不便人群提供志愿者护送等。

5. NeurIPS 对于非参会群体的宣传推广

作为 AI 领域最重要的顶会，自 1987 年诞生以来，NeurIPS 大部分时间只是吸引了计算机科学领域的研究人员。近年来，除了面向参会的学术工作者，NeurIPS 也致力于通过更多样的方式触达更大范围的群众，面向企业、媒体、未能参加会议的其他学者，甚至普通人。

例如，与谷歌和 Kaggle 合办的 Competition Track 竞赛，围绕教育领域提供机器学习的解决方案；邀请媒体参会，推广研究成果；对于会议演讲进行直播或视频上传到 Facebook。这些具有应用前景的前沿研究更具科普性与趣味性，为 NeurIPS 带来了更高的影响力。近几年的 NeurIPS 更像破圈的技术前沿的博览会。

另一个值得展开的是 NeurIPS 通过透明化其会议运作方式体现了对

于所有作者的尊重。NeurIPS 会议是有史以来首个可以完全公开访问会议用人政策，以及一名论文作者如何成为审稿人、AC 主席，乃至董事会成员的 AI 领域会议。充分的选举文件、治理文件在这个部分被公开，其目的在于避免"内部群体"与"外部群体"的信息不对称，创造一个有兼容性的学术交流环境。

第三节 NeurIPS 商业模式亮点

我们将商业模式定义为利益相关方的交易结构，故利益相关方覆盖范围的不同与利益相关方需求满足方式的不同都会带来模式设计的差异，从而形成不同的竞争结果。下面我们分别论述 NeurIPS 在利益相关方识别、交易结构设计与非模式因素方面的亮点。

利益相关方识别及需求洞察：业界机构、AI 学者、少数群体

1. 业界机构

谷歌、微软等企业机构是近年逐渐在人工智能学术领域崛起的"新势力"，其构建的 AI 研究实验室聚集了大量专业学者与学术资源，是支撑近年 AI 领域投稿增量的主要来源。

企业参与学术会议的主要动机包括扩大基础研究影响力、招募行业人才与寻找潜在合作机会等。尤其在招聘方面，当下科技公司、互联网公司、银行、对冲基金等企业均需要机器学习领域的人才，而该领域学习会议则成为其接触优秀研究者的重要平台。但传统而言，学术会议对于这类企业的角色定位主要是赞助商与演讲者，成为赞助商名录的一员或面对圈内学者完成一次公开演讲对于企业影响力的传播作用有限，与学者形成合作的转化率也比较低。对于会议而言，这也导致企业的参与激励弱，参与程度低。

相比之下，NeurIPS 针对性地设置了赞助商等级，为更高程度合作的企业提供充分与优秀行业人才交流的机会，以及在更大的平台上公开宣

传展示其技术突破的场景，并邀请媒体与社交网站为其进行传播，从而利用自身的优势平台资源满足其需求。

此外，NeurIPS 重新定义了企业扮演的角色，拓宽了业界机构的参与广度与深度，使得业界在 NeurIPS 会议中发挥了提供赞助费用、协助会议演讲与座谈会环节选题、广泛参与投稿与审稿、参与会议的实际运营（例如负责会议中的软件设施设计与媒体宣传）、共同举办竞赛促进产业应用发展等多种积极作用。

2. AI 学者

对于 AI 领域的学者而言，与其他会议类似，NeurIPS 的论文会通过大会接受的方式发表。相比于发表在学术期刊的论文，会议论文往往篇幅更加简短，以展示创新观点为主，其撰写周期也相对更短。学术期刊的体量常是前者的两倍以上，以 Journal of Machine Learning Research（JMLR）为例，其篇幅通常能够达到 30～50 页，能够通过更加严谨与详细的实验论述研究结果。NeurIPS 并不会主动将会议论文推荐刊登到学术期刊上，但学者对在会议上发表的论文进行修改后转投期刊是被允许的，反之，期刊论文则不会再被会议接受。

对于学者而言，发表平台能够给予论文更大的影响力是吸引投稿的关键。从论文的学术引用角度，NeurIPS 在谷歌正式发布的 2020 年的学术指标（Scholar Metrics）榜单中排名上升至 AI 领域第二位、机器学习领域第一位。截至 2019 年，在 NeurIPS 上发表论文的前十大高引作者总引用次数高于同领域顶会 ICML 114.8%，体现了 NeurIPS 对于行业顶级学者的吸引力。

另外，NeurIPS 发现在与学者接触的各触点中，投稿与审稿环节是近些年受到特别关注的模块。对于近年所有的 AI 顶刊会议而言，论文投稿数量平均每年增长幅度非常高，而审稿时间与合格的审稿人数量都是有限的。以 NeurIPS 为例，2017—2020 年，平均每年提交的论文数量同比增长 40%。计算机学术论文的时效性较短，如何选择一个更加专业和公正的会议，使得有价值的论文更快地获得发表是学者关心的问题。对于所有会议而言，如何在短时间内招募更多高质量的审稿人、激励审稿人参与，以及控制审稿流程的公平性都是无法回避的难点。

最后，从求职市场的角度，无论是高校还是业界的研究岗位，都会对包含 NeurIPS 在内的顶刊、顶会的论文发表提出具体要求。

NeurIPS 明确学者在会议参与过程中敏感的价值点，这满足双方利益相关方的需求，最大化利益相关方的体验，是吸引更多学者参与并提高会议声誉的关键。

3. 少数群体

NeurIPS 的组织者察觉到，在人工智能领域的研究环境中，一些少数学者群体受到了来自美国研究人员和实验室的偏见。现有系统对于初级研究人员、女性群体、少数种族等少数群体缺少开放性，使得这些群体很难建立自己的学术社交网络，获得平等的参与会议交流与活动的机会。对于学术会议而言，一些非包容性的活动策划与不透明的会议运作方式加剧了不平等问题的发生。不过这类群体早先并未被学术会议所注意到，尚未给予特殊的关照措施。

NeurIPS 识别出了这一学术圈层中的特殊利益相关方，通过一系列的努力聚焦于多样化少数学者社群的保障措施，让其感受到了充分的尊重与帮助，从而对于 NeurIPS 拥有更高的黏性与依赖性。事实上，这些少数学者群体规模在逐渐扩大，不仅会辐射到更大的合作学者与合作机构网络，这类社会责任行为还会影响到其他非少数群体学者，进一步提高会议的社会声誉与学术地位。相比于面向某一学术领域、某一机构与高校进行宣传推广，NeurIPS 的独辟蹊径更精准与高效地提高了局部影响力，并具有逐渐扩散的趋势。

交易结构设计：高效、高质量的需求满足

交易结构是指利益相关方之间的交易方式与交易关系，同一组业务活动可以演变出多样化的交易结构设计。NeurIPS 审稿涉及会议董事会、项目委员会的区域主席、审稿人群体、道德审查组与作者多方主体。在

必要的稿件流转之外，主体之间还存在多重保障性质的交互内容，包括区域主席之间结为共同决策小组、会议董事会对于项目委员会成员的监督约束、项目委员会对于审稿人资格审查的控制、道德审查组对于审稿人与作者行为的控制等。此外，NeurIPS 还有一系列系统与标准辅助上述交易结构的顺利实施，包括双盲审查、审稿分发的专业匹配性的算法、多维度打分标准、启动紧急审查的阈值设计等。

除了审稿环节，NeurIPS 的交易结构设计反映在了各利益相关方及业务活动之中，包括会议举办主体的更新换代、赞助商的服务、少数群体的服务等方面。一系列复杂的设计最终落实在利益相关方之间交易结构的优化，从而更高效、高质量地完成标准业务活动，更好地实现需求的满足。

其他非模式亮点：行业风口与战略定位

探究 NeurIPS 兴起的原因，除了商业模式因素外，其与人工智能行业的迅猛发展以及会议的研究领域的定位等战略因素密不可分。

人工智能的研究从 20 世纪 50 年代以来经历了漫长的发展过程，而在最近十年学术领域则进入了真正的爆发期。一方面，越来越多的业界企业建立的自有的人工智能实验室，逐渐由产品导向的应用研究转至具有应用前景的基础研究，并且有意愿主动参与到前沿的学术交流中。另一方面，几大人工智能学术会议的影响力攀升，促进了快节奏、高产出地生产学术成果。这种扩张现象不同程度地出现在了所有该领域的会议中。

另外，学术会议对于学术领域的选取，可以类比于企业的产品选取与定位，属于战略问题。NeurIPS 选取的研究领域更加复合、强调应用性、贴近业界实践，鼓励学者与产业合作，研究问题对于产业有解释性。这一方面吸引了有跨学科研究背景的学者，另一方面使得 NeurIPS 把握了企业机构活跃参与到前沿研究的阶段性机会。在实际的论文发表中，谷歌、微软、DeepMind、Facebook、IBM 等机构作者与学者的合作论文占了很大的比例，企业机构参与 AI 相关前沿研究的发表越来越活跃，这与 NeurIPS 的价值主张不谋而合。应用商业的语言，我们可以将这两个因素归纳为行业风口驱动和战略定位驱动。

第四节　NeurIPS 商业模式挑战

约书亚·本吉奥（Yoshua Bengio）是一名人工智能与深度学习领域的顶级专家学者，同时他也是 NeurIPS 会议董事会以及另一人工智能领域会议 ICLR（国际机器学习会议）委员会的成员，多年来参与各项会议的组织工作。他在和 NeurIPS 董事会的内部信件中表达了对于会议发展的担忧。相比于学术期刊，学术会议的论文接收上限难以受到约束，论文接收数量几乎与论文投稿数量同比例增长，这在很大程度上带来了论文质量的下降。

一方面，从学者的角度讲，学术会议的审稿周期短，加快了该领域学术工作者的研究产出节奏。学者们为了更好地保护自己的原创想法，以及迎合会议的截止日期，常常匆忙地提交半成品的研究成果，竞相发表更多的论文，而没有足够的时间来检查和提高论文质量。当这些尚未充分打磨的论文被接收后，学者们也不会继续投入时间去进行本可以完成的优化。

另一方面，从会议审稿的角度，审稿人从时间与精力上都难以给予学者充分的修改建议，帮助论文在重复迭代的过程中提高品质。随着研究领域的进一步分化，加之各大会议审稿期的集中，会议很难为每一篇文章找到足够多相匹配的审稿人，审稿结果的公平性与合理性都在下降。这种审稿过程的噪声使得很多论文的接收与否带有主观性与随意性，往往被前一会议拒稿的论文会在未经认真修改的情况下被反复投稿，而它们最终是可能被接收的。这些论文可能缺乏严谨性，甚至包含错误，表面上论文数量在增长，实际上对于领域发展产生了负面影响。

事实上，论文接收规模过大也降低了学者参会交流的体验。一些学者表示，他们现在难以在多个房间、大量的海报与成果展示中找到自己最感兴趣的内容，每个工作坊都有上百个学者参与，深入一个话题的交流非常困难。

过快的论文增长速度与严格的门槛机制设计的矛盾是 NeurIPS 必将面临的发展隐患。目前，NeurIPS 通过复杂的审稿流程设计来弥补这一问题。但随着未来投稿数量的进一步增长，NeurIPS 也难免在上述机制上做出妥协，例如提高一般作者参与审稿的比例，或者提高区域主席对论文一票否决的权力，而这都会动摇 NeurIPS 的论文审稿质量与学术公信力。可以看出，现有的模式设计在高速扩张下是不稳定的，这是该模式的一个关键隐患。

第五节 NeurIPS 商业模式总结

NeurIPS 并非典型的商业模式实践，但其运营的优势可以通过商业模式进行解释。评价一场学术会议依赖于学者们投票、稿件质量、行业口碑与举办者的声誉。关键在于如何围绕各学术群体展开业务活动，设计交易结构，实现高效性、专业性与利益相关方的高满意度，从而积累高声望、高口碑、高人气与影响力，获取规模的快速增长与竞争优势。

本章通过分析 NeurIPS 的商业模式，描述了会议举办主体的责任划分、顶级业界机构的合作、与审稿群体的活动设计、与多元化社会群体的互动以及广泛的影响力普及活动等方面的特色做法。整体来说，NeurIPS 的案例启示我们举办顶级学术会议，除了应考虑会议所属的学术领域与行业发展，更应考虑具体的商业模式设计，在利益相关方的识别、利益相关方需求满足、交易结构细节的设计与交易建立的及时性等方面进行规划是很重要的。

参考文献

[1] 魏炜，朱武祥，林桂平.基于利益相关者交易结构的商业模式理论[J]. 管理世界，2012（12）：125-131.

[2] SHAH N B, TABIBIAN B, MUANDET K, et al. Design and analysis of the nips 2016 review process[J]. The journal of machine learning research, 2018, 19(1): 1913-1946.

CHAPTER 15

第十五章

Tenure Track
——终身教职制度

第一节 背景介绍

终身教职（Tenure Track），或者称常任轨制，是指在学术界中，高校用于评估一名青年学者是否有资格进入学术圈，是否给予其终身教授职务合同的一项评估制度。终身教职的核心是处理青年学者与学术共同体之间的关系。该模式最大限度地激发青年学者在处于最佳学术生命时候的科研主动性、科研独立性以及科研产出，同时学校也需要付出相应的成本来支持教师。从模式角度来看，终身教职的本质是学校与学术共同体对于青年学者的风险投资。

简而言之，终身教职的筛选方式是通过同行评议、学校与学院决策的综合评价模式，设置第三年中期考核与第六年最终评价的考核周期，实现对合格学者的筛选和评价。该通行制度的设计需要考虑以下设计难点。

（1）如何制定标准使得评审结果最为客观公正。评价一名年轻学者，需要从研究能力、教学能力与科研服务能力等多方面进行评价，由于学科差异，难以进行标准化的衡量。因此，非标准化的多维度评价制度本身就是设计难点之一。另外，由于评价与被评价的主体都是人，通过制度避免道德问题与腐败问题也是保持客观公正的难点。

（2）如何避免学术垄断。由于科研问题的专业性，因此难以采取"陪审团制度"的民主评审制度，需要由领域专家进行评审。一个领域的专家，不仅最为熟悉自己研究的子领域课题，且也有动机让自己的门生或与自己研究相类似的学者有更高的通过终身教职考核的机会，以期扩大自己的科研范围。若缺乏制度制约学术垄断，则会出现"近亲繁殖"、强者恒强的窘境，从而大大降低该领域的科研活力。

（3）如何通过与年轻学者的合同设计进行过程激励。终身教职的目的既是筛选出合格的学者被学术圈接纳，又是激励年轻学者在最有创造力的年岁中为扩展人类知识边界贡献力量。因此，光有考核而缺乏过程激励，则容易将学者压垮于科研道路中，从而失去了终身教职的第二层意义。

本章通过解析排名前五的美国高校终身教职的评估流程与设计原理，以期从模式的角度厘清年轻学者与高校和学术圈之间的互动关系，从模式的角度审视其通过何种合作制度来解决这些难点与风险点，以促进整个学术圈子的健康运行与繁荣发展。

第二节　终身教职的制度设计

整体流程与决策主体

终身教职本质上是一项高校筛选和评估优质青年学者的制度，其类似于企业中的招聘与选拔，从模式的角度看属于高校的重要业务活动之一。该业务活动设计有多个细分的业务活动流程，各流程会涉及内部与外部的多方利益相关方参与信息收集、信息提供与表决，同时其中也涉及多种流程与制度设计，以保证评估的合理性和公正性。

终身教职评审主要流程如图 15-1 所示。院系方首先组建评审委员会（Evaluation Committee），该评审委员会由主席和教职成员组成，负责收集候选人学术与教学相关信息、征求外部评审人意见，并组织和参与表决评估等。有终身教职者均可担任评审委员会成员。评审委员会之上往往存在更高的决策主体，例如院长办公室（the Dean's Office）或院长。院长在人事任命流程中的作用是贯穿始终的，主要包括对于评审委员会组成、外审专家名单、评审材料监督权与审批权、对于投票表决结果的审批权与解释权以及对于分歧结果的最终决策权等。

此后是多维度收集信息的流程，根据信息来源的不同，主要可以分为候选人自我陈述、外审推荐信意见、系内学生和教职员意见多种来源。最后，上述材料均呈现在评审委员会成员面前，以供其参考并提出表决意见。评审委员会与院长或系主任共同决定是否给予终身制教职合同。下面我们分模块介绍终身教职的运作机制。

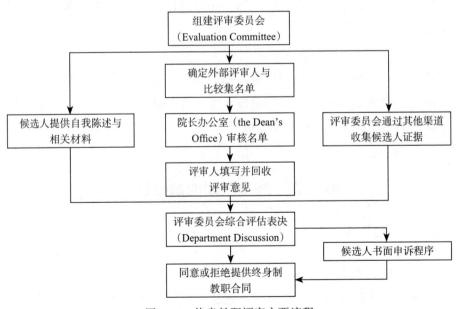

图 15-1　终身教职评审主要流程

评估维度

以斯坦福大学为例，终身教职评定时重点考量的是学术能力和教学能力两个维度。

学术能力方面，评价原则的本质是希望终身教职的获得者是其所在领域经验最丰富、最专业的青年学者，或者是具有潜力成为该领域未来的佼佼者。它关注候选者所关心的问题是不是前沿的、创新性的重要问题，是否能够扩大人们的现有认知，开拓新方法或新领域，从而对学术界产生根本性的影响。该评价原则会被细化为一系列可参考的因素，例如学术活动的参与度、生产力、影响力、创新性；领域内受认可程度；作为研究团队的一员，能否与其他学者及学生进行有效沟通合作；是否遵循制度与道德规范。

终身教职候选人需要提交已有的研究成果、未发表的成果及未来研究计划。候选人的简历应该分别列出同行评议和非同行评议的出版物，例如发表了的经过正式专业审查的文章和出版的书籍，未经发表的文章与著作。此外，候选人被要求提交一份个人陈述，描述其研究的现有状态和长远规划，这些材料会共同呈现给评审人以及评审委员会。

除学术能力以外，终身教职的第二个考核内容是高质量的教学，这是为了表明候选人有能力在其职业生涯中维持一流的教学项目。除了候选人提供个人陈述外，评审委员会将负责收集候选人的教学证据，综合听取其所指导学生的评价反馈，并在评估过程中加以考虑。这里的教学考核因素涉及课程、讲座、研讨会讲授质量，所教授的本科生、研究生、博士后的指导人数与培养水平，在候选人指导下的学位论文发表情况，制度合规和道德规范等多方面，也涉及教科书编写、教学创新或课程开发等教学成就。学生的来信也是其能否晋升的一个重要组成部分，因为这直接表明了候选人的教学与指导工作量、质量及其道德水平，会被评审委员会加以重视。

外部评审流程

1. 评审构成

有资格参与评审的包括外审行业专家与被评审人推荐的内部评审人。选择评审人的时候，评选委员会将咨询候选人所了解的学术领域，以及可能的学术冲突，进而总结一份外审行业专家的初步名单，并请他们针对候选人的学术能力与教学表现提供意见信。以斯坦福大学为例，学校要求至少回收 8 封来自外部评审人的信件，以获得全方位的考量，为了满足这个要求，一个部门往往会征求来自 12~14 名外部评审人的意见。这里往往不仅包括评审人本专业的学者，还会包含 1~2 名周边领域的学者，以考评候选人是否对大领域也拥有足够的影响力。候选人有资格推荐内部评审人，但被接受的评审人不应超过 3 名。最终的名单需经由院长审核认可方可确定。

2. 比较集

判断一名学者的学术能力时，一般有客观的量化标准评价和比较定性的评价两种方式。前者指制定论文发表的质量与数量要求，请学者对其专业领域排名与未来潜力进行打分与描述。后者指为其提供一个可供对比的群体，请其围绕固定的符合资格的客体群体进行对比。后者的好处在于所有评审能够形成一个较为统一的标准，并且不需要根据学科的特点对于量化标准进行调整，例如论文的发表周期、发表难度，领域的火热程度等。但难点在于如何针对不同领域给定一个合理的比较集（Comparison Set），这需要对该领域非常了解，并且做到让评审们不带有个人感情色彩，能够客观评价。

为解决上述问题，斯坦福大学采用了提供比较集的做法。评审专家被要求将候选人与一组学者进行比较，这组人包括该领域中最近获得终身教职的高声望人士、那些为学科创造卓越贡献的资深人士。仅有当候选人拥有与比较集中学者相同的专业性与贡献，或至少拥有未来实现这种学术影响力的潜力时，才可获得评审人的推荐意见。

比较集通常在 4~6 个人，这取决于候选人感兴趣的领域。同时，评审的名字当然不能出现在比较集中。与评审人相同，比较集名单连同简要的个人简介也应该经由院长审核通过方可执行，院长拥有对建议名单进行修改的权利，以便对候选人进行更恰当的评估。

综合评估与决策

随着信息收集阶段告一段落，评审将进入综合评估与决策环节。已经获得终身教职资格，也就是终身教职的副教授和正教授们组成评审委员会，如果系内的教授参与了先前的推荐信评估，则其应该在这一环节回避投票与讨论。候选者的个人陈述及相关证明材料、外审返回意见都会统一被提供给评审委员会，由已经获得终身教职资格的教授进行集中讨论与意见表决。此阶段，评审委员会拥有较高的自由裁量权，因为尽管每位委员会成员都被要求认真、客观地阅读所有的材料，参与投票并针对其表决意见给出说明，但事实上一般权衡候选人各方面表现的权重是相对自由的，并没有严格的标准。

在所有关于教职人员任命的投票中，赞成票、反对票、弃权票和未投票的具体数量必须被记录和报告。每一位参与投票的教师都有责任提供书面解释。在投票结果不一致或有人弃权、给出反对票时，评审委员会主席应尽可能总结原因。主席有保留决定是否将文件转发给院长的权力，并强烈鼓励持不同意见的表决者将他们的观点总结为文档。

第三节　终身教职制度的商业模式亮点

评估质量保证——利益相关者选择与制度设计

终身教职所面临的最大挑战在于怎样制定出最公正的标准，如何最大限度地客观、合理筛选与评估出优秀学者，这涉及利益相关者的合理选择与具体的保障制度设计。

首先，合理选取决策主体、评估主体。学术具有较强的个人主观属性，合理评估的前提是充分调动集体决策资源。评审工作事实上是一份复杂的工作，因为候选人来自形形色色的学术领域，为每一位候选人寻找一定数量的了解其学术领域、有能力客观评价其学术工作且不存在过于密切的联系与冲突的评审人是非常困难的，需要调动大量的认知资源。

这份工作事实上与期刊审稿很相似，不同的是，其要求回收的评审意见更多，而高校所在院系的评审委员会的规模与精力却很少。根据候选人所在领域的热门程度不同，评审委员会需要在回收意见的数量与质量之间权衡，一方面要确保青年学者的能力被多重验证，另一方面又要避免出现外行指导内行的情况。

大同行与小同行结合的外部评估，学生、教职工与院系内合作者的广泛意见征集，以及候选人的个人陈述，多方的集体决策使得终身教职考核在最大限度内实现了信息的完整与充分。多重信息来源与严格的匿名性、保密性制度使得年轻教师可以被客观、公正地多重验证，也最大限度地保证了真实性和公平性。

其次，运用推荐信样板、比较集等制度设计降低了评审的任意性。判定一名学者是否拥有终身教职资格是主观的，尽管各高校提供了各自考量的细分维度与推荐信样板，但其提供的同样是一些定性而非定量的描述。以哈佛大学为例，其在推荐信样板上有如下描述："我们对终身教职的首要标准是……其是该领域中最有影响力的人物之一，并能承诺持续保持在领域前沿。"另外，即便这些描述足够客观准确，也很难保证不同学术领域的多名评审者对"合格""优秀""专业"的理解一致。故高校间在谨慎筛选评审人的同时会采用比较评价替代直接评价的做法，以尽可能缩小主观认知的偏误与外审人员选取的随意性带来的不公正、不合理评价，并同时确保比较集主体的可比性。

公正性保障——避免模式风险

所有的模式都存在影响模式长期稳定运作的潜在风险，终身教职的业务活动虽然相对简单，但也存在几个核心的难点与风险点，例如如何避免道德问题与腐败问题，如何保障参与评审人的隐私，如何应对优秀学者未通过资格审查的负面影响，如何避免"近亲繁殖"与学术垄断。

终身教职的评审意见对于青年学者的学术生涯具有重大影响，必要的纠错机制与监督机制在评审过程中是不可缺少的。这一方面可以避免优秀的学者由于评审人选取得不合理或评审委员会的失误判断导致人才流失，另一方面可以避免学者与评审人员串通导致的行贿与舞弊现象。

目前来看，这种公平性与合理性的保障主要体现在三个方面。首先，评审专家的匿名性原则，即评审委员会成员与评审人均需要遵守保密性条款。其次，候选人对评审名单有一定的建议权，因此能够避免存有学术冲突的学者进入评审名单，并可以推荐部分领域相关的学者参与，但同时这份权利又受到限制。最后，评审人拥有书面上诉权，且评审委员会必须认真评估其申诉意见。当申诉人能够证实其受到了不公正或歧视性评估、晋升材料没有得到充分考虑时，该申诉意见会被接受。但任何添加新文件或修改评审材料的操作是不允许的，这样也是对其他候选人公平性的保证。收到书面上诉后，五名以上的终身教职人员会组成上诉委员会，对候选人情况进行重新申诉与表决。可能存在利益冲突的成员将被排除在外，该委员会成员与原评审委员会将不会重合。如果上诉被接受或拒绝，申诉处理报告会呈递给院长最终确认并告知候选人，申诉程序从此结束。

此外，参与评审的成员的评审意见与文件都要求很严格的保密对待。这既是为了保护评估者的个人隐私，以免其后续被候选人"找麻烦"，同时也是保障评估者敢于发声的制度，尤其当评估者涉嫌学生、助教等群体时。这里的保密内容既包括评审委员会成员的表决意见、外审专家的推荐信意见，也包括其他院内成员的交流情况。在特殊情况下，教师、研究生和博士后可以向院长书面交流，并保证他们的交流将对包括系主任在内的其他院系成员保密。这类信件可添加到审核机构审议的文件中。以斯坦福大学为例，为了强调斯坦福大学保护第三方评估中包含的信息来源的政策，主席被要求在每次讨论个人任命之前向其教员宣读声明，"在整个推介过程中，对具体个人进行讨论，所有参与者都将严格保密"。参与者在任命和晋升事宜上失信，可被视为严重违反职业道德。

如何避免"近亲繁殖"与学术垄断？在终身教职中有一项重要的考核要求，即年轻学者能够脱离原导师（指博士导师或博士后导师）的指导，独立发表论文的能力。如果年轻学者无法挖掘新的研究课题，或者无法独立进行科研工作，则在终身教职的评审中容易得到更低的评价。为了避免学术垄断，在顶尖学校的终身教职考核中，往往学校和院系会有多名教授进行评审，且有约 30 人的外审行业专家进行综合评审。所有人的评审细节都会被记录，因此避免了"一言堂"的情形。通过削弱每位评审专家的平均话语权，从而降低了出现学术垄断的可能性，最大限度地保证了学术公平。另外，学校与学者的默认合作模式是学校往往不会招聘本校毕业的博士。海外顶尖的大学如普林斯顿大学、哈佛大学与耶鲁大学等，往往不会直接招聘其本校毕业的博士。因为招聘本校的博士会导致该领域的发展中心向高学术地位的学者倾斜，进而出现学术垄断。

激励机制——合同设计与资源能力匹配

评审流程主要体现了对青年学者的筛选机制，另外，终身教职规则也包含了对学者的激励机制，这种激励机制往往体现在其通过考核后所获得的合同中，以确保青年学者能够得到充分的培养与成长，不至于因为获得了一份长期合同而产生懈怠态度，或者现有资源不足以支持其研究计划，即目的在于激发优秀学者的潜力，而非埋没和压垮他们。

终身教职表现出的不仅是筛选而且是培养，故需要为优秀年轻教师匹配学生与基金资源，这需要高校大量的财力支持。由大学和学院人力资源专业协会（CUPAHR）进行的 2019—2020 年高等教育教师薪酬调查中的调查结果详细说明了来自 853 个机构的 175706 名全职终身教职员工的总体薪酬信息。总体来说，终身制轨道内的教职员的薪酬会比非终身制轨道的高出 20%～30%，且在晋升副教授与正教授后该差距会进一步拉大。这体现了高校对于获得终身制合同的教职员工的期待与重视。除了薪酬，高校还会为每一位新签署合同的学者提供一笔启动基金，并允许其招募足够的学生协助其研究工作。

以哈佛大学的助理教授为例，年薪 20 万～30 万美元，科研环境（顶级的资源支持）按一年 20 万美元进行配套计算，一年共计需支出 40 万～50 万美元，6 年则需要花费 240 万～300 万美元。这仅是计算的学校的直接投入，还未计算美国自然基金会、国立卫生院等经费支持机构的基金支持，因此可以看出培养一名合格的终身教职教授是需要投入巨额资源支持的。

除了资源的支持外，终身教职的合同设计也体现出其是基于学者更高的自由度与发展空间要求的。青年学者合同中承诺的薪酬通常包括硬性薪酬（Hard Money）与软性薪酬（Soft Money）。硬性薪酬指合同规定的无严格条件的收入，学者只需要完成日常的课程任务，保障系内的行政与学术运作，例如参与必要的委员会会议、讲座、学术分享与教学指导即可。软性薪酬则是在硬性薪酬之上的一个少量浮动（常见为20%～40%）。学者的其余收入依托于科研经费，这一部分科研经费需要向所在院系上缴约50%作为平台维护费。

最后，在获得终身教职后学者的论文发表情况将不再作为其能否留任考核的要素，学者拥有更大的自主权去分配其在教学与学术上的时间，并自由地选择开拓更加前沿的学术领域，从而可以从事更加长期性的、具有深远影响力的开拓性研究，这是终身教职规则下所鼓励的。然而，如果学者考虑在院系内担任职务，获得晋升、研究经费、学术评选奖项或其他的激励，则需要进一步在学术和教学方面实现突破。可以看出，在获得终身教职合同后，高校对于学者的底线要求有所降低，在较好的学术态度与职业素养下，院校的学术氛围是可以得到维持的，但也留下一个漏洞与风险点，即如何确保学者会持续贡献价值。

第四节　终身教职制度的局限性

终身教职制度需要付出的成本极高，导致学校寡头化越发剧烈

资源的投入使得收入微薄的普通高校难以与资产雄厚的顶尖名校竞争师资。顶尖名校可以通过引入顶尖教师构建更好的学科氛围，花钱构建学科氛围的同时也更容易吸引到顶尖教授，获得更多的项目与学生收入，从而形成良性循环。反之，普通高校则容易因为缺乏资源的投入进入恶性循环。以新冠疫情期间为例，在疫情期间有超过 30 所美国高校宣布破产倒闭，包括建校历史长达 174 年的麦克默里学院。这些破产的高校无不是因为缺乏捐赠基金的长效支持，严重依赖学生学费收入，且需要为终身教职制度付出高额的教授酬金，进而在学费收入骤减的疫情期间资金链断裂而倒闭的。

终身教职决策的主观性与权力的集中导致的公平性保障难题

院长或系主任往往会根据学院的发展战略、个人喜好、候选人的美誉度等要素对人员的任命发挥影响力，而这些因素未必是评审规则下的考虑因素。美国田纳西大学教授特里·L. 利普（Terry L. Leap）在其著作《高等院校教师雇用决策中的风险管理》（*Managing Risk in High-Stakes Faculty Employment Decisions*）中提到，一名青年学者的终身教职评审没有通过，是由于院长在其评审过程中表达了关于该学者与其他学者的冲突的担忧。该学者后续申述声称该评估结果并非基于对其学术能力与科研能力的评价，但该申诉同样被驳回。我们的研究同样发现在评审各环节流程中，院长拥有外审专家名单、比较集确认、表决意见确认等环节的最终决定权，而评审委员会或人事任命委员会对其通常只有建议权。针对该问题，一些高校会规定院长或副院长不得出席评审委员会的公开投票，但整体来说终身教职审核的核心在于人，而人的主观性难以为程序所充分约束，这一问题很难得到有效解决。

不过整体来讲，院长的权利与义务是对等的，其对整个学院的发展承担主要责任和义务，这在一定程度上可以成为对抱有"以权谋私"目的的人的制约。成为院长，一方面意味着更多的行政工作，作为院系的学术领袖，对学院负有行政管理与发展规划的责任，需要审核教学是否适当，监督学术诚信，授予学位，并负责学生的招生、录取和学术进展等一系列非研究与教学性质的工作。这意味着院长需要在教学角色、研究角色、管理角色之间切换自己的身份，并且放弃自己大量用于教学与研究的时间，这往往并不适合每一位学者，毕竟能够被推荐担任院长的都是该学科领域教学和学术的佼佼者。另一方面，这也意味着更大的责任，院长需要对其决策的后果承担风险与责任，有时还需要做出一些不是普遍受欢迎的困难的决定，例如处理投诉、削减经费支出、处理人员离职等。一位被保荐承担院长职能的学者表示，他注意到"同事之间的关系发生了变化：有些人比以前与我保持更大的距离，而另一些人则有意接近我，因为他们想问我要什么东西"。故成为院长虽然伴随着更大的权力，但也意味着在学术成就、教学成就与人际关系上的得失，其事实上是权利与义务对等的工作，并非每一位学者都希望承担这类繁重的行政事务。

部分专业未通过终身教职考核的学者转业困难

在麻省理工学院得不到终身教职并不罕见，这是生活的事实。根据 2010 年 1 月发布的《教师种族和多样性倡议报告》（*Report on the Initiative for Faculty Race and Diversity*），从 1991 年到 2004 年，大约 53% 的助理教授没有获得终身教职。当然，在这些统计数据中，有些教授在晋升前就辞职了，以便在其他地方寻找机会。

当学者未通过所在学校的终身教职考核时，若希望留在学术界，则只能转去其他学校重新开始新的终身教职考核期。如果学术界无法接纳该学者，则该学者将会在工业界谋求一个职位。由于学者的研究能力普遍强于企业员工，因此专业对口的大中型企业的研究岗都是很欢迎转业学者的。例如，统计学、金融学和经济学助理教授因其对金融数据的深刻洞察，能够从数据中挖掘价值因子而深受量化交易企业的欢迎。生物学、化学的助理教授则因为专业背景对口，且有较强的研发能力，因此也能获得药企和化工企业的优厚待遇。在多年的企业竞争中，研发能力逐步成为大中型企业的核心竞争壁垒，因此这些转业的学者往往能够拿到远超过学校的薪资。

但并不是所有的学者进入企业界都能受到如此优待。历史学、哲学、文学等文科学者，在终身教职的要求下，积累的资源能力是学科研究能力。这些文科类学科，研究能力是无法直接在企业中进行变现的，因此这类学者将很难从学术圈中离开。

终身教职考核易导致学者的短视性

由于终身教职的考核周期为 3 年，这就会导致青年学者愿意进入更加热门的研究领域，选择前人认可的问题，以期获得确定性的科研成果。具体而言，快速出成果的研究包括沿着已发表论文的继续研究、A 想法和 B 想法的叠加式研究等，这些研究往往是已有成果的小修小补，往往实际创新性并不高。例如，在统计学界有一类"回归加惩罚项"的研究范式，它源于 Tibshirani 在 1996 年提出的 Lasso 方法。由于 Lasso 有着优秀的变量选择能力，因此被广泛使用在各类统计问题中。然而，从 Lasso 被提出至今，有超过上万篇发表在统计学家认可的期刊上的论文，都在讨论或证明回归加惩罚范式的研究。时至今日，能够被统计学家认可的该领域文章不超过 10 篇，绝大多数的已发表文章不仅研究毫无新意，且绝大部分论文都是无聊的数学游戏，对于整个统计应用的推进毫无意义。然而对于统计学家而言，变换一些惩罚项的定义，或松弛一些原有文章的假设，则可以在短时间内写出一篇论文。因此，熟悉这套"灌水"式科研的学者，往往能在有限的几年时间里，发表数十篇期刊论文，从而证明自己的研究能力，提高终身教职考核的通过率。

第五节　终身教职制度的结论与展望

终身教职的目的不仅仅是一种师资的选拔，更是将教授作为一项人才投资对待，以在特定重点领域培养出优秀学者为出发点，从而设计资源匹配等一系列的相关制度。通过本章分析，我们了解到北美顶级高校在这方面拥有一套标准化的流程与执行团队，通过细致的流程设计、操作标准制定与分工体系，从而最大限度地确保评估的合理性与公平性、人才激励的有效性与相应风险的控制。

目前，我国的学术圈已经在逐步引入终身教职的思路与制度。一方面，我们认为该制度能够培养年轻学者，通过加强考察研究的独立性，促使年轻教师不得不思考自己的科研方向，组建自己的科研团队，同时也可以防止形成学术垄断，避免学术寡头化。另一方面，该制度也是对于成熟学者长期的学术发展的支持，通过终身教职期间的考核，学术界能够建立起对通过终身教职的成熟学者的信任，助力其在前沿研究领域深耕，在有潜力的研究赛道上长期沉淀，做出突破性研究成果。

同时，我们也不能忽视终身教职的前提假设与局限性，在引入人员任命和晋升的制度改革的同时，也应做好配套激励机制与资源匹配制度的完善，确保制度的公平性与可持续性，为学术研究的繁荣发展与正向循环做出贡献。

推荐阅读

"魏朱六要素商业模式"系列丛书

透析盈利模式：魏朱商业模式理论延伸
作者：林桂平 魏炜 朱武祥　ISBN：978-7-111-46569-0
"魏朱六要素商业模式"核心要素深度诠释
工具化盈利模式的创新与设计

商业模式的经济解释：深度解构商业模式密码
作者：魏炜 朱武祥 林桂平　ISBN：978-7-111-38128-0
"魏朱六要素商业模式"模型深度解构
揭示商业模式设计原理和可循路径

商业模式的经济解释 II
作者：魏炜 朱武祥 林桂平　ISBN：978-7-111-48512-4
将单个企业的边界打破，开创性地提出了商业模式共生体、商业模式设计工程学等新概念、新方法、新思维，使企业的商业模式设计有依据、有途径、有方法，更加系统化。

重构商业模式
作者：魏炜 朱武祥　ISBN：978-7-111-30892-8
无论企业大小，无论行业，在企业六个生命周期中的三个阶段，最有可能毁灭一个企业，也最有可能成就一个企业。其差别就在于——是否进行了商业模式重构

发现商业模式
作者：魏炜 朱武祥　ISBN：978-7-111-25445-4
北大清华教授联手合作，推出原创管理模型好的商业模式可以举重若轻，化繁为简，在赢得顾客、吸引投资者和创造利润等方面形成良性循环，使企业经营达到事半功倍的效果。

慈善的商业模式
作者：林伟贤 魏炜　ISBN：978-7-111-32901-5
慈善也有成功和失败之分吗？
一个成功的慈善活动在带来巨大社会效益和经济效益的同时，还有可能为行善者带来显著的利益，虽然这可能并非其初衷；而一个失败的慈善活动不仅不会创造正面的社会效益，还有可能为行善者带来道德风险和名誉损失。